Genossenschaftliche Zeit- und Streitfragen.
Herausgegeben von
Ludolf Parisius und Dr. Hans Crüger.
Heft 2.

Rohstoffgenossenschaften

der Handwerker

und Anleitung
zur
Buchführung einer Rohstoffgenossenschaft.

Von

Dr. Hans Crüger und H. Jäger.

Berlin SW. 48.
Wilhelmstraße 119/120.
J. Guttentag, Verlagsbuchhandlung.
1896.

Inhaltsverzeichnis.

Vorwort.

Im Mai 1895 erschien das erste Heft der Genossenschaftlichen Zeit- und Streitfragen: „Kredit-Genossenschaften nach Schulze-Delitzsch", herausgegeben von Ludolf Parisius.

Dieses zweite Heft, herausgegeben von Dr. Hans Crüger, soll den Handwerkern bei Gründung von Rohstoffgenossenschaften behilflich sein. Es enthält zunächst zwei von Dr. Crüger verfaßte und zuerst im Hannoverschen Tageblatt veröffentlichte Aufsätze über die Organisation von Rohstoffgenossenschaften.

Der Verfasser der übrigen Aufsätze ist H. Jäger, zur Zeit Direktor des Kreditvereins der Friedrichstadt, e. G. m. u. H., in Berlin, der sich als Verbandsrevisor in Thüringen und in Norddeutschland und als Direktor der Kreditgenossenschaften in Schmalkalden und Bockenheim mit den Verhältnissen und Bedürfnissen der Handwerker vertraut gemacht hat.

Jäger bringt eine Geschichte zweier Rohstoffgenossenschaften, zu welcher von ihm an Ort und Stelle das Material gesammelt ist, der Rohstoffassociation der Schneidermeister, e. G. m. u. H., zu Magdeburg, begründet 1861 und der Association der Schuhmachermeister zu Wolfenbüttel, e. G. m. u. H., begründet 1851. Diese Genossenschaften haben in guten und schlechten Zeiten durch eigene Erfahrung gelernt. Die Kenntniß der von ihnen glücklich überwundenen Fehler kann andere Rohstoffgenossenschaften davor schützen, durch mangelhafte Einrichtungen Schaden zu erleiden.

Besondere Schwierigkeiten macht den Rohstoffgenossenschaften erfahrungsmäßig die Buchführung. Bei mangelhafter Buchführung kann keine Rohstoffgenossenschaft gedeihen. Jäger hat deshalb im letzten Abschnitt die Buchführung für eine Rohstoffgenossenschaft so dargestellt, wie sie ohne Weiteres überall eingeführt werden kann.

Rohstoff-, Magazin- und Werkgenossenschaften.

Durch die Genossenschaft soll der Handwerker mit den gleichen wirthschaftlichen Waffen ausgerüstet werden, die heute den Großbetrieb zum Siege führen. Der Schwache muß sich dem Starken anpassen, soll er im wirthschaftlichen Leben nicht unterliegen; es geht hier wie im Leben der Völker, und das ist gut so, denn darin liegt die aufsteigende Richtung, die Stärke und nicht die Schwäche muß als Richtschnur dienen. Sind die Kräfte des Einzelnen nicht ausreichend, um gegenüber dem Starken die Selbständigkeit mit Erfolg zu vertheidigen, so muß es zum Zusammenschluß der Einzelnen kommen, vereinte kleine Kräfte geben eine große Kraft.

Zu den Creditgenossenschaften vereinigen sich die Angehörigen aller Berufsstände, um die in Gewerbe und Wirthschaft der Mitglieder nöthigen Geldmittel zu gewinnen. Die wirthschaftliche Kraft der Creditgenossenschaften liegt in dem Zusammenschluß der verschiedenen Berufsstände, denn nur so ermöglicht sich der Geldausgleich, vertheilt sich das Risico und wird eine solide gesicherte Grundlage gewonnen. Von so großer wirthschaftlicher Bedeutung aber auch die Creditgenossenschaft für den Handwerker ist, indem sie ihm das für seinen Betrieb nothwendige Betriebscapital beschafft, die Creditgenossenschaft allein ist nicht im Stande, den Handwerker dem Großbetriebe concurrenzfähig zu machen. Und die „Hebung der Concurrenzfähigkeit der Handwerker" sollte auf dem Banner stehen, unter dem sich alle Handwerker und Handwerkerfreunde vereinigen, mögen sie sonst jede beliebige politische und wirthschaftliche Richtung haben, selbst die Freunde des Befähigungsnachweises, der obligatorischen Innung finden hier ihren Platz, denn mögen sie auch hoffen, einst alle Forderungen erfüllt zu sehen, diese Erfüllung wird auch von ihrem Standpunkte aus gewiß den Handwerkern nichts nützen, wenn es nicht gelingt, den Handwerkern eine dem Großbetriebe ebenbürtige Betriebsweise zu verschaffen.

Und dies Ziel ist zu erreichen, vorausgesetzt nur, daß die Handwerker den guten Willen haben, daß sie von dem Gefühl der Zusammengehörigkeit nicht blos in Worten, sondern auch in Thaten beseelt sind — der Weg zu dem Ziele ist die genossenschaftliche Organisation der Geschäftsbetriebe, die auch die Gewerbeordnung als eine der Aufgaben der Innung hinstellt — und mit Recht, denn viele Innungen haben in der Blüthezeit ihren Mitgliedern gerade als genossenschaftliche Geschäftsbetriebe die größten Vortheile beschafft.

Für jeden Handwerker kommt es darauf an, beim Einkauf der Rohstoffe, bei Anwendung der Maschinen, beim Verkauf der Waaren der Productionsweise des Großbetriebes ähnliche Bedingungen zu erreichen.

Betrachten wir dies im Einzelnen.

I.

Rohstoffgenossenschaften.

Baarzahlung und großer Bedarf sind zwei Momente, welche für den Einkauf von Waaren von größter Bedeutung sind. Nimmt der Käufer den Credit beim Händler in Anspruch, so muß er in der Regel nicht bloß einen theureren Preis bezahlen, als bei baarem Kauf, sondern läuft auch bekanntlich Gefahr, dauernd an seine Lieferanten gebunden zu werden, da der Credit schnell anwächst; und je größer derselbe wird, desto schwerer wird die Tilgung, desto größer die Rücksichtnahme auf den Lieferanten. So segensreich der Credit überhaupt für das gesammte Verkehrsleben ist, so verhängnißvoll und gefährlich ist der Waarencredit. Wenn nun heute eine große Anzahl der Handwerker nicht gegen baar kauft, da sie angeblich nicht die Betriebsmittel besitzen, so tragen sie selbst daran die Schuld; mögen sie sich der Creditgenossenschaft anschließen, bei der sie einen ihren Verhältnissen entsprechenden Credit finden, um so in die Lage zu kommen, durch Empfang eines Vorschusses, durch Verwerthung der Außenstände über die nothwendigen baaren Mittel zu verfügen.

Fast ebenso wichtig wie der Einkauf gegen baar ist aber der Einkauf in größeren Partieen. Ein jeder Handwerker weiß, daß ihm bei größeren Einkäufen günstigere Bedingungen gestellt werden, daß er oft dann nicht bloß billiger kauft, sondern auch bessere Qualitäten erhält. Daraus ergiebt sich, daß, wenn der einzelne Handwerker für seinen kleinen Betrieb nicht große Partieen kaufen kann, er sich zu diesem Zwecke mit seinen Gewerbegenossen vereinigen sollte — zum gemeinschaftlichen Einkaufe, zur Rohstoffgenossenschaft. Auf irriger Voraussetzung beruht die Annahme, daß die Creditgenossenschaft den Rohstoffverein ersetze, es ist dies unrichtig, weil erstere nur den baaren Einkauf ermöglicht, also bei den meisten Handwerkern nur die eine Bedingung des günstigen Einkaufes erfüllt, es muß noch der Rohstoffverein zum „Großeinkauf", zum gemeinsamen Bezuge hinzutreten.

Ohne auf Einzelheiten einzugehen, mögen hier nur kurz die wesentlichsten Vortheile des Rohstoffvereines aufgezählt werden.

Sie sind natürlich am größten für den Handwerker mit kleinem Betriebe: Der Rohstoffverein gestattet demselben, die Rohstoffe, Halbfabrikate zu Preisen einzukaufen, wie sie dem Großindustriellen gestellt werden, und da im Großen eingekauft wird, steht den Mitgliedern die beste Bezugsquelle, die beste Qualität zur Verfügung.

Dazu kommen für alle betheiligten Handwerker — auch die mit großem Betriebe — als Vortheil dieser Association in Betracht:

Die Mitglieder brauchen kein oder nur ein kleines eigenes Lager zu halten, der Rohstoffverein ist ihr Lager; damit ersparen sie nicht allein die oft große Miethe für Lagerräume, sondern insbesondere auch in Waaren zinslos liegendes Capital, sie sparen die Mühe der Aufstapelung, der Aufbewahrung, die Sorge, daß die Rohstoffe nicht durch Lagerung minderwerthig werden. In jedem Gewerbe giebt es Rohstoffe von höherem Werthe, leicht verderblicher Natur — sie brauchen nicht auf Lager genommen zu werden; das Mitglied braucht sich nicht mit dem Risiko der Speculation zu belasten, braucht nicht sein Lager mit Vorräthen zu versehen, für die vielleicht gar kein Bedarf ist. Die gleichen wirthschaftlichen Interessen führen die Mitglieder zusammen, sie lernen sich kennen, unmittelbar werden sie darauf hingeführt, gemeinsam die Angelegenheiten ihres Gewerbes zu verfolgen, gemeinsam vorzugehen und zu handeln. Da der Verkauf zu Marktpreisen erfolgt, muß, wenn nicht ganz besondere Unglücksfälle eingetreten sind — wie sie auch den Einzelnen treffen können — nach Deckung der verhältnißmäßig geringen Unkosten ein Ueberschuß erzielt sein. Von diesem Ueberschuß erhalten die Mitglieder für ihre Capitalbetheiligung eine begrenzte Dividende, der Rest wird unter sie nach Verhältniß der Einkäufe vertheilt. Ein jedes der Mitglieder ist Sachverständiger in seinem Berufe, es kennt die Rohstoffe; hält man sich von Speculation fern, so kann es an günstigen Einkäufen nicht fehlen; stellt sich ein Einkauf gelegentlich auch ungünstig, so ist doch bei den guten Einkäufen der Verkauf zu Marktpreisen geschehen, das Risiko also hat sich vertheilt, und so ist nicht mehr jeder Handwerker für sich allein den Schwankungen der Preise ausgesetzt, die Rohstoffgenossenschaft bildet nach dieser Richtung hin für ihn gewissermaßen eine Versicherung.

Weswegen erreichen nun diese Genossenschaften trotz ihrer großen Bedeutung für das Handwerk eine so geringe Verbreitung? Die „Großhandwerker" finden in denselben angeblich einen zu geringen Nutzen, sie kennen den wahren Nutzen aber nicht und übersehen, daß die Hebung der „Kleinhandwerker" für sie selbst von großem Werthe ist, denn dieselbe entzieht der Schleuderconcurrenz die Hülfstruppen; der „Kleinhandwerker" aber fühlt sich der Gründung der Genossenschaft nicht gewachsen. Am meisten jedoch fürchtet ein jeder, dem Nachbarn einen Einblick in seine Thätigkeit zu gewähren. Zur Gründung also fehlt guter Wille und genossenschaftlicher Geist, genossenschaftliche Schulung. Nicht im System beruhen die Schwierigkeiten, sondern in äußeren Umständen. Die Schwierigkeiten sind daher zu überwinden.

Völlig unbegründet ist die Furcht, daß die Rohstoffgenossenschaft den Einzelnen zwinge, seine Selbständigkeit aufzugeben — im Gegentheil, sie will dieselbe erhalten und festigen, wie die Creditgenossenschaft. Die Mitgliedschaft bei der einen wie bei der anderen läßt den Meister selbständig in seiner Werkstatt, sie soll ihm nur die Mittel für den rationellen Betrieb der Werkstatt liefern.

Betrachten wir nun die Organisation eines Rohstoffvereins, wobei wir voraussetzen, daß er sich unter das Genossenschaftsgesetz stellen will. So groß die Schwierigkeiten bei Gründung der ersten Genossenschaften waren, so einfach gestaltet sie sich heute. Als Schulze-Delitzsch die ersten Rohstoffvereine gründete, da begegnete er ähnlichen Mißständen, wie bei der Bildung der Creditgenossenschaften, es fehlte an einer bestimmten gesetzlichen Grundlage, und die Männer, die die Leitung übernehmen sollten, mußten mühsam das Statut entwerfen, sie mußten erst bei der Geschäftsführung Erfahrungen sammeln, was oft genug nicht ohne Verluste abging. Heute bietet ein gutes Gesetz die Grundlage, der Allgemeine Verband deutscher Erwerbs- und Wirthschaftsgenossenschaften in Berlin stellt Statutenentwürfe und Geschäftsanweisungen zur Verfügung, jahrzehntelange Erfahrungen gewähren ein reiches Material für wichtige Grundsätze der Leitung.

Es kommt zuerst die Frage zur Entscheidung, welche Haftart zu wählen ist, wobei zur Auswahl stehen die unbeschränkte und die beschränkte Haftpflicht; die Größe des Creditbedürfnisses der zu gründenden

Genossenschaft ist für die Entscheidung maßgebend. In der Regel wird dieses Creditbedürfniß, wenigstens wenn die Gründung nach richtigen Grundsätzen erfolgt, nicht so groß sein, um die unbeschränkte Haftpflicht zu erfordern; die beschränkte Haftpficht mit angemessen hohem Geschäftsantheil und entsprechender Haftsumme wird ausreichen, wobei man zweckmäßigerweise den Erwerb mehrerer Geschäftsantheile zulassen wird, um den wohlhabenderen Handwerkern, Rentiers u. s. w. die Betheiligung mit mehreren Geschäftsantheilen zu ermöglichen. Der Geschäftsantheil braucht nicht auf einmal eingezahlt zu werden, geringe regelmäßige Einzahlungen sollen auch dem wenig begüterten Handwerker den Zutritt offen lassen; keinem fleißigen, ehrlichen, strebsamen Handwerker soll der Beitritt durch schwere Verpflichtungen der Mitglieder unmöglich gemacht werden.

Spricht man mit Handwerkern über die Gründung einer Rohstoff-Genossenschaft, so machen sich dieselben wohl Sorge über die Beschaffung der ersten Betriebsmittel und doch ist dies nicht schwer, wenn man nur gewillt ist, klein anzufangen und die Genossenschaft von unten herauf sich entwickeln zu lassen; es bedarf keiner prächtig ausgestatteten Verkaufsräume, eine einfache Lagerstelle genügt, die Geschäftsstunden können auf bestimmte Tage und Stunden beschränkt sein, so haben die heute gedeihenden Rohstoff-Genossenschaften begonnen. Die erste Einrichtung erfordert also kein großes Capital und ebenso ist der Betrieb mit verhältnißmäßig geringen Mitteln zu bestreiten; in soweit nicht durch die Einzahlungen auf Geschäftsantheile bereits genügende Mittel eingekommen sind, ist der Rest auf den Credit der Genossenschaft bei Banken oder Creditgenossenschaften aufzunehmen. Einer richtig organisirten Genossenschaft, an deren Spitze Männer stehen, die das öffentliche Vertrauen genießen, hat es noch nie an Credit gefehlt; die Handwerker müßten endlich durch die Erfahrung gelernt haben, daß an Mangel von Capital noch nie die Gründung einer Genossenschaft gescheitert ist. Ließen sich guter Wille, genossenschaftlicher Geist für die Verwaltung und Mitgliedschaft ebenso leicht beschaffen, wie Capital, das ganze Handwerk würde bereits genossenschaftlich organisirt sein.

Was die Beschaffung der Waaren anbelangt, so wird es am zweckmäßigsten sein, wenn man hier mit Massenartikeln beginnt und allmählich zur Führung werthvollerer Waaren übergeht. Die Menschen sind einmal so, daß sie möglichst schnell Erfolge, und seien sie auch gering, sehen wollen, daher wird man mit Waaren anfangen, die einen Nutzen beim gemeinschaftlichen Bezug in ziemlich sichere Aussicht stellen, jeder Beruf hat solche Artikel. Wenn möglich, ist es zu vermeiden, die Waaren auf Borg zu kaufen, es ist besser, man wartet einige Zeit mit der Eröffnung des Geschäfts und sammelt zunächst Einzahlungen der Mitglieder auf Geschäftsantheile an, die dann noch fehlenden Mittel werden sich ohne große Schwierigkeiten bei einer leistungsfähigen Creditgenossenschaft beschaffen lassen. Der größte Theil der Mitglieder wird gewiß schon mit einer solchen Genossenschaft in geschäftlicher Verbindung stehen, und diese hat doch selbst das größte Interesse an der wirthschaftlichen Hebung ihrer Mitglieder, so daß eine zielbewußte Verwaltung daher zweifellos dem Rohstoffverein einen angemessenen Credit zur Verfügung stellen wird, um diesen der Nothwendigkeit zu entheben, die Waaren auf Borg zu entehmen.

Ist das Geschäft erst im Gange, so **hängt das Gedeihen haupt**sächlich **von dem Verhalten der Mitglieder ab**, daß diese sich nicht durch Versprechungen von Lieferanten zur Wahrnehmung augenblicklicher scheinbarer Vortheile bestimmen lassen, der Genossenschaft untreu zu werden, daß auch ein jedes seine **Rechte** in der Genossenschaft wahrnimmt, und sich stets bewußt bleibt, daß die Genossenschaft auf dem gemeinschaftlichen Geschäftsbetriebe der Mitglieder beruht! Und damit kommen wir zu der **Verwaltung** der Genossenschaft. Dieselbe ist sehr ähnlich der der Creditgenossenschaft: Die Leitung liegt in den Händen des Vorstandes, zur Controle besteht der Aufsichtsrath, die Mitglieder üben ihre Rechte in der Generalversammlung aus. Fast mehr noch als in der Creditgenossenschaft wird ein vollkommen uneigennütziges Verhalten von Vorstand und Aufsichtsrath gefordert, nur die Interessen der Genossenschaft dürfen sie im Auge behalten, sie müssen jeder versuchten Bestechung durch Lieferanten, jeder Wahrnehmung persönlicher Vortheile aus ihrer leitenden Stellung unzugänglich sein. Deswegen aber müssen auch die Mitglieder ein wachsames Auge haben, prüfen und sorgen, daß überall Ordnung herrscht.

Der Vorstand hat die Leitung, ihm liegt daher auch der Waareneinkauf ob; nur für bestimmte Fälle wird man ihn zweckmäßigerweise an die Genehmigung des Aufsichtsraths binden, wie es überhaupt wie bei der Creditgenossenschaft nothwendig ist, den Aufsichtsrath, ohne ihm natürlich die Geschäftsführung selbst zu übertragen, doch an derselben so weit theilnehmen zu lassen, daß er fortlaufend über den Gang des Geschäfts unterrichtet ist und sich in der Lage befindet, event. rechtzeitig alle die Maßregeln einem leichtfertigen Vorstande gegenüber zu ergreifen, welche zur Sicherheit der Genossenschaft geboten sind. Bei der Auswahl und der Festsetzung des Betrages der für die Genossenschaft einzukaufenden Rohstoffe, bei der Festsetzung der Verkaufspreise wird dem Aufsichtsrath ein Mitbestimmungsrecht einzuräumen sein. Da der Rohstoffverein nicht darauf gerichtet ist, Kunden anzuziehen, er also kein Interesse daran hat, andere Geschäfte zu überbieten, sollen die **Marktpreise** der Waaren für die Verkaufspreise maßgebend sein — den Ueberschuß erhalten ja die Mitglieder nach Verhältniß der Einkäufe zurück.

Auf Handwerkertagen ist zuweilen die mit der **Buchführung** verbundene Arbeit als ein Hinderniß für die Gründung solcher Genossenschaften hingestellt. Es mag demgegenüber darauf hingewiesen werden, daß doch in einer nicht geringen Anzahl von Handwerkergenossenschaften sich Handwerker in die Buchfühtung hineingearbeitet haben, daß die Creditgenossenschaften mit weit schwierigerer Buchführung auch in der Regel von Handwerkern gegründet sind, daß endlich Consumvereine in vortrefflicher Weise von einfachen Arbeitern geleitet werden — sollten da intelligente Handwerker vor unüberwindbaren Schwierigkeiten stehen? Sollte nicht vielmehr, was sie in der Genossenschaft von der Buchführung und der Geschäftsführung überhaupt lernen, ihnen auch für ihre persönlichen Verhältnisse von großem Nutzen werden? Von diesem Gesichtspunkte aus und um die Bildung aller „Vetternwirthschaft" zu vermeiden, würde es sogar im Interesse aller Theile liegen, wenn insbesondere bei Besetzung des Aufsichtsrathes recht oft mit den Personen gewechselt würde.

Eine der wichtigsten Stellen in der Rohstoff-Genossenschaft nimmt der Verkäufer ein, man wird in der Regel die Stelle durch einen vom Vorstande angestellten Lagerhalter besetzen. Die Regelung des Verhältnisses des Lagerhalters zur Genossenschaft ist für deren Entwicklung von geradezu entscheidender Bedeutung, und bei nicht wenigen der wieder eingegangenen Rohstoffvereine ist der Verfall daraus zurückzuführen, daß dem Lagerhalter mehr Rechte eingeräumt wurden, als mit seiner Stellung verträglich waren. Giebt man dem Lagerhalter weitgehende Befugnisse, gestattet man ihm sogar, den Mitgliedern auf eigene Rechnung Waaren zu creditiren oder neben den Waaren der Genossenschaft noch Artikel für eigene Rechnung zu führen, so werden die Mitglieder schließlich in dem Lagerhalter den thatsächlichen Geschäftsinhaber erblicken, und dieser wird dies Verhältniß dazu benutzen, um bei passender Gelegenheit sich selbständig zu machen und die Mitglieder als Kunden zu sich herüberziehen, wozu ihm der denselben gewährte Credit noch eine überaus bequeme Handhabe bietet. Dem Lagerhalter dürfen daher unter keinen Umständen besondere Rechte und Befugnisse übertragen werden, es muß auch bei den Mitgliedern darüber kein Zweifel entstehen, daß sie in ihm nur den Verkäufer, den Angestellten der Genossenschaft zu sehen haben. Jedes Hinausgehen über diese Stellung kann der Genossenschaft verhängnißvoll werden.

Daß die Genossenschaft auf die Bildung eines Reservefonds bedacht sein muß, braucht kaum besonders hervorgehoben zu werden, es entspricht dies auch gesetzlicher Vorschrift.

Für die Geschäftsführung ist dann als Grundsatz noch festzuhalten, daß man beim Einkaufe der Waaren stets im Auge behalten muß, daß ein häufiger Umsatz für die Genossenschaft außerordentlich gewinnbringend ist; hat die Genossenschaft erst einige Jahre gearbeitet und sich in der Geschäftswelt Vertrauen erworben, dann wird es ihr auch sogar gelingen, Waaren commissionsweise zum Verkauf an die Mitglieder zu erhalten.

Die wichtige Frage der Preisbestimmung hat bereits ihre Beantwortung gefunden: Verkauf zum Marktpreise, so daß nach Deckung der Unkosten ein Ueberschuß erzielt wird, ist der in der Praxis bewährte Grundsatz.

Zum Schluß mag noch die Frage erledigt werden, ob eine Ausdehnung des Verkaufs an Nichtmitglieder im Interesse der Genossenschaft gelegen ist. Das Genossenschaftsgesetz gestattet es, daß das Statut eine solche Ausdehnung des Geschäftsbetriebes vorsieht, und es mag auf den ersten Blick dies auch vortheilhaft erscheinen — nähere Prüfung ergiebt das Gegentheil. Nicht nur, daß die Genossenschaft dann ein steuerpflichtiger Betrieb für jede Steuer wird, ist auch zu bedenken, daß der Verkauf an Nichtmitglieder die Genossenschaft auf eine ganz andere wirthschaftliche Grundlage stellt, die Genossenschaft wird damit ein concurrirendes Handelsgeschäft, sie verläßt die ursprüngliche Bahn, etwaigem größeren Gewinne steht das größere Risiko gegenüber, und auf eine Vermehrung der Mitglieder ist kaum noch zu rechnen, während doch nur die Mitglieder zu den treuen und zuverlässigen Kunden zu zählen sind, da sie auch persönlich mit der Genossenschaft eng verbunden sind. Der Verkauf an Nichtmitglieder kann daher niemals empfohlen werden.

Damit ist ein Bild über Organisation und Geschäftsführung eines Rohstoffvereins gegeben, das den Erfahrungen der Rohstoffgenossenschaften entnommen ist. Es fragt sich, ob im Handwerkerstande das sich praktisch bethätigende Gemeinsamkeitsgefühl stärker ist als der Sondergeist. Wo dies der Fall ist, da ist auch der Boden für eine Handwerkergenossenschaft; ungenügende Schulung des genossenschaftlichen Zusammenwirkens können wohl die Leitung erschweren, eine zweckmäßige Organisation und strenges Pflichtgefühl helfen aber darüber hinweg, bis sie gewonnen ist. Das schwerste Hinderniß für Gründung und Gedeihen ist: Gleichgültigkeit; wo diese herrscht, ist freilich nur sehr allmähliches schrittweises Fortschreiten zur genossenschaftlichen Organisation zu erwarten. Die den Genossenschaften von den Handwerkern entgegengebrachte Gleichgültigkeit zu beseitigen, ist wohl allein durch Belehrung und Aufklärung über die Mittel zur Hebung der Concurrenzfähigkeit des Handwerks, über die Bedeutung der Genossenschaft für diesen Zweck zu erreichen.

II.

Magazingenossenschaften.

Fort und fort ertönen die Klagen der Handwerker über die Concurrenz der Magazine. Sie sind erklärlich, und doch kauft der Handwerker selbst gewiß lieber in einem den verwöhntesten Ansprüchen entsprechend ausgestatteten Bazar, auf dem die reichste Auswahl der Waaren in hübscher Ausstattung dem Käufer geboten wird, als in einem engen Handwerkerladen, wo eine geringe Auswahl sich dem Käufer bietet. Wie soll nun aber der Handwerker einen ähnlichen Laden errichten? Woher soll der einzelne Meister das Capital nehmen, um die auf einem großen Magazin lastenden Spesen zu bestreiten, wie die Mittel aufbringen, um den dem Magazin entsprechenden Vorrath an Waaren herzustellen? Doch damit nicht genug: Das Publikum ist heute gewöhnt, die verschiedenartigsten Waarengattungen in einem Lager vereinigt zu finden, es will nicht mehr von Laden zu Laden gehen. Wie soll der einzelne Handwerker bei solchen Anforderungen die Concurrenz aufnehmen? Wir haben die Frage schon beantwortet, es giebt wieder nur einen Weg: Die Bildung von Magazingenossenschaften, von Gewerbehallen. In dem Hinweise auf die Möglichkeit, durch die Magazingenossenschaft den Bazaren concurrenzfähig zur Seite zu treten, liegt bereits die Hervorhebung der Bedeutung, welche diese Genossenschaft für den Handwerker hat. Nur wenn eine solche Organisation vorhanden ist, ist es aber auch der großen Mehrzahl der Handwerker vergönnt, sich an Ausstellungen zu betheiligen, in den Wettbewerb um größere Bestellungen einzutreten, wie sie der Bau von Staatsgebäuden u. s. w. mit sich bringt: wie sollte bei Vergebung größerer Arbeiten der einzelne Meister allein darauf rechnen können, Arbeit übertragen zu erhalten, ein beachtenswerthes Gebot zu machen?

Haben die Meister dagegen sich zur Magazingenossenschaft vereinigt, so tritt diese als Bewerberin auf, und sie kann als solche dem Vergeber der Arbeit auch Garantie für die Ausführung bieten, sie kann eine größere

Bestellung übernehmen, tritt ebenbürtig zu capitalkräftigen Unternehmern in Wettbewerb, verschafft ihren Mitgliedern die unmittelbaren Vortheile ihrer Arbeit.

In der Regel wird sich die Magazingenossenschaft auf die Meister eines bestimmten Gewerbes beschränken, doch wo irgend die Verhältnisse dazu angethan sind, erscheint es zweckmäßiger, sogleich verwandte Gewerbe zusammenzufassen.

Für die Magazingenossenschaft kommen in erster Reihe alle diejenigen Gewerbe in Betracht, deren Waaren große und angemessen ausgestattete Räume erfordern, insbesondere also Tischler und Tapezirer, und so finden wir denn in diesen Berufen die meisten Magazingenossenschaften.

Nach dem Zweck dieser Genossenschaft ist es selbstverständlich, daß dieselbe in der Regel mit größeren Mitteln begonnen werden muß, als die Rohstoffgenossenschaft; wo daher die Mitglieder nicht bereits persönlich in der Lage sind, erheblichere Beträge zur Deckung der Unkosten aufzubringen, wird die Annahme der unbeschränkten Haftpflicht nothwendig sein, um der Genossenschaft die geeignete Creditbasis zu geben.

Für die Verwaltung gelten im wesentlichen die gleichen Grundsätze, wie wir sie bei den Rohstoffgenossenschaften dargestellt haben, doch bedarf die Magazingenossenschaft vor allem für die Leitung einen tüchtigen Kaufmann, der mit Geschick den hier so wichtigen kaufmännischen Betrieb führt, der es versteht, für den Absatz der Waaren zu sorgen.

In der Regel liefern die Mitglieder in die Magazingenossenschaft die Waaren auf eigne Rechnung ein, sie werden dort auf ihre Rechnung verkauft und die Mitglieder erhalten dann den Kaufpreis nach Abzug eines bestimmten Procentsatzes zur Deckung der Unkosten. Daß Vorstand und Aufsichtsrath bei der Einlieferung der Waaren das Recht der Preisbestimmung, sowie der Zurückweisung vorbehalten bleiben muß, wenn sie die Artikel als nicht geeignet für die Aufnahme erachten, ist selbstverständlich. Ebenso liegt es Vorstand und Aufsichtsrath — oder einer besonderen Commission — ob, die im Magazin bestellten Waaren an die Mitglieder zur Arbeit zu vertheilen. — Hieraus ergiebt sich freilich, welche außerordentliche Vertrauensstellung die Mitglieder von Vorstand und Aufsichtsrath hier besitzen, und daß ihre strengste Uneigennützigkeit erforderlich ist, sollen Streitigkeiten in der Genossenschaft vermieden werden. Fast noch schwerer wird die Stellung dieser Organe, wenn die von den Mitgliedern eingelieferten Waaren in das Eigenthum der Genossenschaft übergehen und theilweise sofort bezahlt werden.

Der Endpunkt der Magazingenossenschaft ist natürlich, daß durch ihre Vermittelung die Mitglieder ausreichende Arbeit finden, daß eine Concurrenz zwischen den Mitgliedern und der Genossenschaft ausgeschlossen ist, was in der ersten Zeit allerdings schwer durchführbar sein wird.

Haben wir es hier mit einer für Organisation und Geschäftsführung schwierigen Art der Genossenschaft zu thun, so ist es aber auch eine solche, welche den Handwerker dem Großbetriebe am nächsten bringt. Und dazu kommt noch, daß ganz naturgemäß sich im Anschluß an diese Genossenschaftsart die Rohstoff-Genossenschaft bildet, denn nichts ist für die Mitglieder, die sich hier geschäftlich so außerordentlich nahe getreten sind, selbstverständlicher, als der gemeinschaftliche Einkauf der Rohstoffe und Halbfabrikate, alle Vorbedingungen sind dafür gegeben.

Sind die Schwierigkeiten dieser Genossenschaft auch nicht gering, so sind auch ihre Vortheile für die betheiligten Handwerker um so größer. Man hört so oft von den Handwerkern auf die Empfehlungen, den Geschäftsbetrieb genossenschaftlich zu organisiren, die Einwendung, daß dem Handwerk vor allem Erweiterung des Absatzgebietes fehle, welches zum erheblichen Theil bereits an den Großbetrieb verloren sei — hier haben wir es mit einer Genossenschaftsart zu thun, die gerade diesem Zweck dient.

III.

Werkgenossenschaften.

Es wurde soeben als sehr nahe liegend bezeichnet, daß sich an die Magazingenossenschaften der Rohstoffverein anschließt, das Gleiche gilt für die weitere Ausbildung zur Werkgenossenschaft, indem die Magazingenossenschaft Maschinen aufstellt und deren Benutzung den Mitgliedern miethsweise überläßt. Die Räume sind in der Regel vorhanden, ein besonders complicirter Geschäftsbetrieb ist für diesen Zweck nicht erforderlich.

Selbstverständlich aber ist auch die vollständig freie Bildung einer Werkgenossenschaft für die Handwerker möglich, die aus irgend welchem Grunde nicht in der Lage sind, die für einen rationellen Betrieb erforderlichen Maschinen zu erwerben, und denen auch die Gelegenheit fehlt, auf fremdem Werk die betreffenden Arbeiten ausführen zu lassen. Die Organisation ist bei dieser Genossenschaft eine sehr einfache, wenn es nur gelungen ist, das zur Beschaffung der Maschinen nothwendige Capital aufzubringen, es bedarf dann nur einer Geschäftsordnung für die Benutzung der Maschinen, die Thätigkeit von Vorstand und Aufsichtsrath ist eine sehr geringfügige, an dieselben würden nur bei complicirtem Betriebe größere Anforderungen gestellt werden.

Seitens der mecklenburgischen Gewerbevereine wird zur Zeit gerade sehr rührig für die Gründung von Werkgenossenschaften unter den Handwerkern agitirt, man sieht dort mit Recht in dieser Genossenschaftsart ein sehr zweckmäßiges Mittel, um dem Handwerker eine dem Großbetriebe ähnliche Productionsweise unter Anwendung von Maschinen zu ermöglichen und betont, daß die Bildung solcher Genossenschaften um so leichter zu erreichen sei, weil in denselben an Selbstverleugnung und Pflichtgefühl der Mitglieder die geringsten Ansprüche gestellt werden und weil hier eine Uebervortheilung der Mitglieder durch den Vorstand oder Angestellte ausgeschlossen sei. Erwägen wir, welche große Ausbreitung die Werkgenossenschaften in der Landwirthschaft unter weit schwierigeren Verhältnissen gefunden haben, so muß es freilich überraschen, daß diese Genossenschaftsart im Handwerk noch so gut wie gar nicht Eingang gefunden hat. Außer einer Werkgenossenschaft der Tuchmacher in Malchow i. M., einer solchen der Tischler in Güstrow i. M., einer Genossenschaft der Bäcker in Köln bestehen kaum weitere Werkgenossenschaften für Handwerker.

Wo die Handwerker zur Bildung von Genossenschaften, zur Organisation gemeinschaftlicher Geschäftsbetriebe nach der einen oder anderen Richtung hin aufgefordert werden, da wird auch aus dem Kreise der

Handwerker entgegengehalten, es fehle an der genügenden Schulung eines genossenschaftlichen Zusammenwirkens, es mangele am Gemeinsamkeitsgefühl, der eine gönne nicht dem andern das Vorwärtskommen. Das sind freilich schwere Vorwürfe, doch endlich muß aber auch der Handwerker erkennen, daß mit Resolutionen allein sich die wirthschaftliche Lage nicht bessern läßt, daß über das Warten auf Erfüllung aller Wünsche durch die Gesetzgebung das Handwerk zu Grunde gehen kann, daß es vielmehr des thatkräftigen praktischen Zusammenstehens bedürfe, um die Concurrenzfähigkeit des Einzelnen zu heben. Daran hat ein jeder Handwerker das gleiche Interesse, mag sein Betrieb auch groß sein, sich selbst dem Fabrikbetriebe nähern, denn die allgemeine wirthschaftliche Hebung gereicht jedermann ohne Ausnahme zum Vortheil, ihr Sinken aber ist ein schwerer Schaden für den Volkswohlstand.

Durch Rohstoff-, Credit-, Magazin- und Werkgenossenschaften ist für das Handwerk eine dem Großbetriebe entsprechende Betriebsweise zu erreichen. Der handwerksmäßige Betrieb muß reformirt, der wirthschaftlichen und technischen Entwickelung angepaßt werden.

Zu Reformen aber bedarf es der Initiative Einzelner, und mit denselben darf nicht gewartet werden, bis das deutsche Handwerk so weit gesunken ist, daß auch das geistige Niveau ein niedriges geworden und alle Thatkraft erstorben ist, bis es erschlafft ist.

Heute mangelt es noch an keinem Orte an Persönlichkeiten, die genug Ansehen und Vertrauen genießen, um die Handwerker auf den hier bezeichneten Weg zu führen. Freilich darf ein mißlungener Versuch nach dieser Richtung nicht von weiteren Versuchen abschrecken, der Gedanke, daß es sich bei der Gewinnung der Handwerker für die Genossenschaften um eine Existenzfrage für dieselben handelt, muß jeden zur Ausdauer zwingen, der dies einmal als richtig erkannt hat. Ein Stück praktischer Socialpolitik liegt da vor uns, für dessen Durchführung wir keine Gesetze, keine Aenderung der Wirthschaftsordnung, keine Opfer, keine engelgleichen Menschen brauchen, sondern nur Vertrauen zur eigenen Kraft und einen Gemeingeist, der sich auch in Thaten äußert.

Die genossenschaftliche Organisation ist für das Handwerk eine Existenzfrage.

Was die Erfahrung lehrt.

Die folgenden Schilderungen und Betrachtungen sind dem Lebenslauf zweier Rohstoffgenossenschaften entnommen, welche zu den ältesten ihrer Art in Deutschland zählen. Die Wahl dieser beiden Genossenschaften ist aus folgenden Gründen erfolgt. Einmal sollten zwei der wichtigeren Gewerbe — das der Schneider und der Schuhmacher — davon berührt werden und dann handelte es sich darum, sowohl den Betrieb einer solchen Rohstoffgenossenschaft darzustellen, welche durch äußere wie innere Einflüsse verhältnißmäßig geringen Schwankungen ausgesetzt war, als auch einer andern, bei der diese Erscheinungen stärker hervortraten. In ersterer Richtung bietet uns die Rohstoffgenossenschaft der Schneidermeister zu Magdeburg, in letzterer die Association der Schuhmacher zu Wolfenbüttel lehrreiches Material, auf Grund dessen neuentstehende Rohstoffgenossenschaften sicher eine wesentliche Erleichterung für das geeignete Vorgehen gewinnen werden. Beide Genossenschaften stehen heute im geordneten Betriebe. Frühere Erfahrungen sind nutzbar gemacht worden und dem Gemeinsinn, welcher unter den Mitgliedern anzutreffen ist, ist es zu danken, daß die erbetenen Unterlagen nachstehend zur Verwendung gelangen konnten, um gleichstrebende Handwerker bei der Gründung von Rohstoffgenossenschaften in echt genossenschaftlichem Sinne von den Erfahrungen profitiren zu lassen.

Den Schilderungen schließt sich ein besonderer Abschnitt über die Buchführung und das Rechnungswerk an, damit auch auf diesem wichtigen Gebiet die nöthige Anleitung zur Hand ist.

Den Schluß in dem Buchführungs-Abschnitt bilden Leitsätze, die nach den praktischen Erfahrungen im Allgemeinen und Besonderen Alles das kurz vorführen, was bei der Errichtung und Leitung der Genossenschaft hauptsächlich in Frage kommt.

I.
Die Rohstoff-Association der Schneidermeister zu Magdeburg,
eingetragene Genossenschaft mit unbeschränkter Haftpflicht.

1. Geschichtlicher Hergang.

Der Gedanke des gemeinschaftlichen Einkaufs der Rohstoffe führte auch in Magdeburg in den fünfziger Jahren eine Anzahl von Männern aus dem Schneider-Gewerbe zusammen, die als Kleinmeister unter dem drückenden Einfluß der Confections-Concurrenz und verschiedener Schleudergeschäfte standen. Rechtzeitig geschah dieser Schritt, noch ehe der Berufsstand am Orte dem wirthschaftlichen Verblutungs-Prozeß anheimgefallen war. Der engherzige Gedanke, daß der Mitmeister durch den genossenschaftlichen Zusammenschluß die gleichen Vortheile erlange, fand hier keinen Raum, ihn hatte das höhere Ziel, welches Allen vorschwebte: Die Concurrenzfähigkeit des Einzelnen durch die Genossenschaft zu erhöhen — mit der ganzen Wucht des Solidaritätsgefühls vollständig aus dem Felde geschlagen. Die Männer erkannten sehr wohl, daß in demselben Maaße, wie der Berufscollege in seiner Leistungsfähigkeit gewinne, dies rückwirkend von Vortheil für den gesammten Berufsstand sein müsse. Nur dadurch konnte der Capitalgewalt, dem Großbetrieb wirksam entgegengetreten werden.

Jedem Berufscollegen ist durch seine Betheiligung an der Genossenschaft Gelegenheit gegeben, an seinem Theile zur Lösung der gestellten Aufgabe mitzuwirken. Aus diesem Grunde wurde von vornherein der Verkehr mit Nichtmitgliedern sehr richtig ausgeschlossen. Wem es Ernst war um die Hebung des Berufsstandes, der sollte auch durch seinen Eintritt in die Genossenschaft den thatsächlichen Beweis dafür liefern.

Leicht wurde den Meistern das Vorgehen keinesfalls. Die Mittellosigkeit der Betheiligten war ein Haupthinderniß. Aber gleichviel, der ergriffene Gedanke wurde unbeirrt verfolgt. Zunächst ging es ans Sparen, um wenigstens mit einem kleinen, eigenen Capital die Verwirklichung des Planes beginnen zu können. Siebzig Thaler waren es, welche die 14 Männer im Februar 1861 bei Eröffnung der Vereinsthätigkeit zusammenschießen konnten! Außerdem hatte sich jeder Theilnehmer zu einer weiteren Beisteuer von 5 Sgr. monatlich verstanden. Fürwahr, eine überaus bescheidene Finanzirung.

War man bis dahin in Concurrenzkreisen der in Fluß gekommenen Sache mit Gleichgiltigkeit begegnet oder war ihr mit überlegenem Lächeln gegenübergetreten, so wendete sich das Blatt sofort, als das geplante Unternehmen greifbare Gestalt annahm. Es wurden sozusagen alle Register gezogen, um der jungen Genossenschaft die Lebensader zu unterbinden. Insbesondere erfuhren die Verkaufspreise der Stoffe, Futterartikel und Zuthaten im Allgemeinen eine auffällige Ermäßigung, die am allerwenigsten durch die damalige Conjunctur veranlaßt sein konnte. Mancher Genosse aber wurde dadurch schwankend und sagte sich, wenn die Vortheile des billigeren Einkaufs durch Einzelfirmen geboten werden, warum dann die solidarische Theilnahme an der Genossenschaft?! Nach Eröffnung der Geschäftsthätigkeit freilich entpuppten sich die Ermäßigungen gar bald als gewöhnliche Concurrenz-Manöver, die Preise gingen allmälig wieder in die Höhe und schließlich wurde auch den unsicheren Elementen klar, was den weiterschauenden Genossen von vornherein nicht zweifelhaft sein konnte: die Preisunterbietungen entbehrten der inneren Berechtigung.

Die vorbereitenden Schritte waren gethan und die junge Genossenschaft trat mit einer Aufforderung an die Fabrikanten wegen Abgabe von Offerten in der Tagespresse an die Oeffentlichkeit. Indeß, auch nicht von einer Seite wurde die Geneigtheit zur Geschäftsverbindung zu erkennen gegeben! Das Unternehmen war zu neu, der Werth seines genossenschaftlichen Charakters fast gänzlich unbekannt. Dazu traten die Einschüchterungs-Versuche der Concurrenz, welche auf die Fabrikanten keinen geringen Einfluß ausübten, kurz, die alte Kundschaft der Einzelfirmen schien sicherer, als die junge mittellose Genossenschaft. Dieser erste Fehlschlag war jedoch nicht geeignet in das Vertrauen auf die gute Sache Bresche zu legen. Die Annahme der Gegner, daß Muthlosigkeit Platz greifen werde, war eine völlig verfehlte. Gerade diese erste Erfahrung bestärkte die Genossen in der Ueberzeugung, daß sie auf dem richtigen Wege seien; das Gefühl der Zusammengehörigkeit wirkte ausschlaggebend und trotz aller Hemmnisse wurde die erste Geschäftsverbindung doch binnen Kurzem angebahnt! Ganz den bescheidenen finanziellen Verhältnissen entsprechend, beschränkte sich der erste Waarenbezug auf ein einziges Stück Seidenzeug, welches gegen ganz kurzen Credit an die Genossen abgelassen wurde. Als offizielle Geschäftsstelle diente ein überaus einfaches Privatlocal. Der Verkauf des ersten Waarenstückes war natürlich bald beendet, der Bezug von Tuchstoffen war die nächste Nothwendigkeit. In besonnener Weise ließ man schrittweise einen Artikel dem andern folgen, ganz dem Bedürfniß der Mitglieder entsprechend und am Schlusse des ersten Geschäftsjahres konnte die, anfänglich nur 14 Mitglieder umfassende Genossenschaft, 34 Theilnehmer und einen Verkaufserlös von 8546 Mk. verzeichnen! Ein fast ungeahnter Erfolg, der zu den schönsten Hoffnungen für die fernere Entwickelung berechtigte!

Die bangen Zweifel, ob sich auch das Unternehmen halten könne, waren dadurch zwar zurückgedämmt, aber die eingetretene Zuversichtlichkeit erhielt gleich zu Anfang des zweiten Geschäftsjahres einen argen Stoß. In der Person des aus den Mitgliedern gewählten Lagerhalters vereinigte sich nämlich nicht weniger als das Gesammte der Verwaltung. Dieser war Geschäftsführer, Buchführer, Cassirer, kurz Alles, was geschäftlich nothwendig wurde. War der Mann auch fachmännisch befähigt, die kaufmännische Schulung mangelte ihm vollständig. „Nur keinen Kaufmann als Lagerhalter“, verlautete es allgemein bei der Gründung und jetzt schon hatte man die Befolgung dieses zwar gutgemeinten, aber durchaus nicht sachgemäßen Rathes zu beklagen. Die bücherlichen Unterlagen waren nicht geeignet, zwischen dem Vermögen der Genossenschaft und demjenigen des Lagerhalters den erforderlichen Nachweis zu geben und nur den angestrengten Bemühungen eines Sachverständigen gelang es, noch rechtzeitig klare Bahn zu schaffen. Die kurze Thätigkeit des folgenden Geschäftsführers ließ erkennen, daß auch von dieser Seite die rechnerische Grundlage nicht profitiren könne und noch im Laufe des Jahres 1862 übernahm ein geschäftskundiger und angesehener Genosse die Führung des Unternehmens, für dessen gedeihliche Weiterentwickelung nunmehr alle Voraussetzungen vorhanden waren. Die einzelnen Genossen wetteiferten förmlich miteinander, nicht nur an ihrem Theile zur Erhöhung des alljährlich sich steigernden Umsatzes beizutragen, sondern auch immer weiter neue Freunde zu gewinnen. Dieser frische genossenschaftliche Geist wurde durch die kriegerischen Ereignisse des Jahres 1866 auf eine harte, wenn nicht die härteste Probe gestellt.

Der überaus schwach gewordene geschäftliche Verkehr hörte vollständig auf, nachdem Magdeburg als Festung in Vertheidigungszustand gesetzt war. Alles wurde geldbedürftig und es konnte nicht auffallen, daß auch die Lieferanten der Genossenschaft um Zahlung drängten. Der eingetretene Geldmangel machte sich jedoch in gleicher Weise bei der Kundschaft der Genossen fühlbar, sodaß die Regulirung der entnommenen Waaren hinter den Anforderungen, welchen die Genossenschaft zu genügen hatte, weit zurückblieb. Da war wirklich guter Rath theuer. In Bekannten- und Verwandtenkreisen wurde flüssig gemacht, was nur flüssig zu machen war. Alle Minen mußten springen, um das Unternehmen über Wasser zu halten. Zum Glück trat keine Verschärfung dieser wirthschaftlichen Calamität ein, die Geschäftswelt wurde beruhigter und auch in der Genossenschaft nahm der Verkehr wieder die normale Gestalt an. Die Genossen aber hatten die Genugthuung, daß der genossenschaftliche Zusammenschluß auch härteren Prüfungen von außen her gewachsen sei.

Nunmehr folgt eine längere Periode steter Entwickelung. Die Zunahme der Geschäfte erforderte die mehrfache Uebersiedelung in besondere, größere Geschäftsräume, dem Geschäftsführer wurde 1871 ein Lagerhalter beigegeben und so konnte die Genossenschaft Anfangs Februar 1886 das fünfundzwanzigjährige Jubiläum ihres Bestehens feiern. Aus der weiter unten folgenden Statistik wird ersichtlich, daß der Waaren-Verkauf im

Jahre 1886 einen Erlös von 161151 Mk. brachte! Die Gegenüberstellung der Verkaufsziffern des ersten und des fünfundzwanzigsten Geschäftsjahres: 8546 = 161151 lassen mehr als alles Andere erkennen, welche Bedeutung die Genossenschaft für die Mitglieder erlangt hatte. Aus bescheidenen Anfängen heraus, jedem leidenschaftlichen, unbesonnenen Vorgehen abhold, war es den Genossen möglich geworden nach einen Vierteljahrhundert das Unternehmen so erstarkt zu sehen. Mit der Jubiläumsfeier war eine Versammlung der Rohstoff-, Magazin-, Produktiv- und Consumvereine verbunden, die unter werkthätiger Beihilfe vieler genossenschaftlicher Freunde aus allen Theilen Deutschlands für die Sache der Handwerker-Genossenschaften hochwichtige Verhandlungen brachte. Auf den ganzen Handwerkerstand richtete sich dabei der Gemeinsinn der Magdeburger! Die errungenen eigenen Vortheile sollten den gesammten Standes- und Berufsgenossen vorbildlich zur Nachahmung dienen.

Die Jubiläumsfreude blieb jedoch nicht ohne Trübung. Noch in demselben Jahre war festzustellen, daß in der Lagerverwaltung Unregelmäßigkeiten vorkamen. War es schon auffällig geblieben, daß das sogenannte Lagerplus, herrührend aus dem regelmäßig vorhandenen Uebermaß an den Stoff-Stücken, von 1873 an, trotz steigenden Umsatzes, immer geringer wurde, ja in manchen Jahren gänzlich ausblieb, so gaben die vermehrt einlaufenden Klagen über die Eintragung in den Beibüchern der Genossen umsomehr Anlaß, der Sache auf den Grund zu gehen.

Genug, der nothwendige Personalwechsel vollzog sich, mit ihm aber auch gleichzeitig eine veränderte Arbeitstheilung dergestalt, daß die Buch- und Cassefühurung vollständig von der Lagerverwaltung getrennt und der Träger dieses Amtes Mitglied des Vorstandes wurde, während der Lagerhalter als Angestellter der Genossenschaft fernerhin thätig war.

In dem ersten achtzehnmonatlichen Zeitraum nach dieser Umgestaltung belief sich das Lagerplus auf 1162 Mark!

Bis auf den heutigen Tag ist die genaue Arbeitstheilung und die damit geschaffene Controle streng durchgeführt. Sie bewährt sich aufs Beste. Waren auch hin und wieder Geschäfts-Verluste zu beklagen, so hielten sich solche doch sehr in mäßigen Grenzen, weil man von vornherein die Waaren-Abgabe auf Credit scharf ins Auge faßte. Darüber werden wir dem zweiten Theile unserer Ausführungen Näheres entnehmen.

Die geschäftlichen Ergebnisse, soweit solche ermittelt werden konnten, stellen sich seit der Begründung von fünf zu fünf Jahren wie folgt:

Jahr	Mitglieder	Waaren-Einkauf ℳ	Waaren-Verkauf ℳ	Waaren-Bestand ℳ	Lagerplus ℳ	Geschäftsguthaben ℳ	Reserve ℳ	Dispositionsfonds ℳ	Dividende %	Ausstehende Forderungen ℳ
1861	34		8546	1131	—					
1866	43	56160	55806	12036	570					
1871	43	114096	109032	23685	982					
1876	40	101051	111657	36083	483	61600	4775			
1881	49	132159	132172	42801	122	63130	6803			
1886	57	179720	161151	62807	634	54836	8084	1992	12	58201
1891	68	184058	166454	60732	467	79669	11660	1094	11,7	84097
1895	69	151528	148092	63657		88297	14925	1038	11	94089

Solche Ziffern sprechen für sich selbst. Der Vortheil des genossenschaftlichen Betriebes erhält ferner durch die Thatsache, daß den Mitgliedern bis jetzt **328476 Mk.** in Form von Dividenden und rückgezahlten, zumeist aus Verkaufsdividende gebildeten Guthaben zuflossen, die beste Illustration. Dabei werden die Waaren höchstenfalls zu marktgängigen Preisen berechnet und in nur tadelloser Güte abgegeben.

Die fortdauernde Steigerung der günstigen finanziellen Lage ermöglicht schon seit geraumer Zeit den Baareinkauf, wodurch im letzten Geschäftsjahr 5836 Mk. Fabrikrabatte zu Gunsten des Gewinn- und Verlustcontos erzielt wurden!

Und bei alledem bleibt die ideale Seite der genossenschaftlichen Arbeit nicht unberücksichtigt. Ein Dispositionsfonds, gegenwärtig mit 1038 Mk. ausgestattet, ermöglicht die Bethätigung gemeinnütziger Bestrebungen.

Das so gewonnene Bild würde aber der Vollständigkeit entbehren, wollten wir die Schilderung unterlassen, wie sich das eigentliche Vereinsleben in der Genossenschaft vollzieht. Diesen Betrachtungen sei der folgende Abschnitt gewidmet.

2. Der innere Geschäftsverkehr.

„Wer Rechte genießen will, muß auch Pflichten übernehmen“, sagen die Magdeburger Freunde zutreffend. Demgemäß erstreckt sich der Geschäftsverkehr nur auf die Mitglieder der Genossenschaft. Der Geschäftsantheil des Genossen, anfänglich 900 Mk., ist im Laufe der Zeit auf 1500 Mk. erhöht worden, worauf monatlich 1 Mk. Mindestzahlung vorgesehen ist, um auch den unbemittelten Berufsgenossen den Beitritt zu ermöglichen. Daneben hat jedes Mitglied zur Erhöhung der Betriebsmittel eine unkündbare Kapital-Einlage von 1000 Mk. mit derselben monatlichen Mindestzahlung anzusammeln.*) Die ansehnlichen Verkaufs-Dividenden ermöglichen den Genossen die Erfüllung dieser Höchstsummen in verhältnißmäßig kurzer Zeit, sodaß die Monatsbeiträge aus eigenen Mitteln der Genossen nur im geringen Umfange nothwendig werden.

Der Baarverkauf bildet die Regel. Trotzdem wird jeder Genosse beim Eintritt wegen etwa nothwendig werdender Waaren-Credite eingeschätzt. Allmonatlich erfolgt die Durchsicht der in Anspruch genommenen Credite und Vergleichung derselben mit den festgesetzten Creditziffern. Bei Beginn eines jeden Geschäftsjahres wird die Creditliste vollständig neu aufgestellt. Die Creditziffern der Aufsichtsrathsmitglieder werden von einer besonderen Commission, diejenigen der Vorstandsmitglieder von der erwähnten Commission und dem Aufsichtsrath festgestellt.**) Die Verhältnisse der einzelnen

---

*) Die Bildung dieser unkündbaren Capital-Einlage der Mitglieder ist sehr zweckmäßig. Diese „unkündbaren Kapitalien“ dienen einmal zur Stärkung des Betriebskapitals, dann aber auch zur Sicherung für Forderungen an die Mitglieder. Dieselben sind ihrem Wesen nach verzinsliche Darlehen, für welche die Genossenschaft den Betheiligten, und zwar wegen Capitals und Zinsen, ebenso wie fremden Gläubigern haftet, mit der einzigen Beschränkung, daß die Capitalien aus der Genossenschaftskasse von den Inhabern während ihrer Mitgliedschaft nicht herausgezogen werden dürfen.

**) Vergl. die Waaren-Commission, Abschnitt III, Seite 27.

Genossen werden bei der Einschätzung einer genauen Prüfung unterzogen. Regelmäßig wird der Credit nur innerhalb des angesammelten unkündbaren Capitals und Guthabens beansprucht. Die letzte Bilanz führt gegenüber diesen Ansammlungen in Höhe von 134904 Mk. nur 94039 Mk. an ausstehenden Forderungen auf. Daraus wird erklärlich, daß die Verluste an Außenständen bis jetzt verhältnißmäßig recht geringe waren.

Bei Entnahme der Waaren ist das Waarenbeibuch des Genossen beizubringen. Der entnommene Posten wird vom Lagerhalter darin vermerkt und zum Monatsschluß wird das Beibuch mit einem ebensolchen gewechselt, sodaß jeder Genosse zwei Waaren-Beibücher führt, von denen das zuletzt benutzte am Schlusse des Monats in die Buchhalterei abgegeben, geprüft und abgeschlossen wird.*) Der so ermittelte Endbetrag des Monats kommt in das besondere Conto-Beibuch des Genossen, in welchem auch die à Conto-Zahlungen aufzunehmen sind. Jeder Genosse oder Beauftragte hat die Richtigkeit des Zahlungs-Eintrags in dem hierfür bestimmten Hilfskassenbuch der Genossenschaft durch Hinzufügung seines Namens zu attestiren. Reclamationen zu Einträgen im Waaren-Beibuch sind innerhalb des auf die Eintragung folgenden Monats anzubringen.

Auf diese Weise ist für jeden Genossen eine wirksame Selbstcontrole geschaffen.

Die Cassageschäfte werden mit der Correspondenz und Buchhaltung vom Geschäftsführer als Mitglied des Vorstandes wahrgenommen, wogegen, wie schon im ersten Abschnitt bemerkt, die Verwaltung des Lagers dem vom Vorstand bestellten Lagerhalter übertragen ist.

Die Entschädigung des Geschäftsführers und Lagerhalters für ihre Mühewaltung ist jetzt mit festem Gehalt als Haupteinkommen und einer mäßigen Tantième bestimmt, nachdem man die Ueberzeugung erlangt hat, daß die ausschließliche Entschädigung in Form der Tantième zu bedenklichen Consequenzen führt.

Der den Genossen zustehende Credit kann fünf Monate in Anspruch genommen werden. Durch frühere oder spätere à Conto-Zahlungen der Genossen entstehen nun aber Ungleichheiten in der Creditdauer. Der pünktlicher zahlende Genosse befindet sich gegenüber dem säumiger Zahlenden im Nachtheil. Dagegen ist folgende, überaus zweckmäßige Einrichtung getroffen. Auf die Waaren-Entnahmen werden 5% Zinsen zu Lasten geschrieben, andererseits auf die Zahlungen in gleicher Art 5% Zinsen vergütet. Durch dieses Verfahren tritt eine völlig gleichmäßige Behandlung in der Ausnutzung des Credits ein, mag frühere oder spätere Zahlung erfolgen.

Folgendes Beispiel wird das Verfahren erläutern. Ein Genosse entnimmt am 1. Februar Waaren im Betrage von 100 Mk. Er leistet eine à Conto-Zahlung von 100 Mk. am 15. April. Diese Vorgänge erzielen unter Berücksichtigung des fünfmonatlichen Credits folgende Wirkung:

Febr. 1.	Waaren (Werth 1./7.)	100,— Mk.
	Zinsen à 5% v. 1./7.—31./12.	2,50 „
		102,50 Mk.

---

*) Vergl. hierzu auch Abschnitt III, Seite 32.

Dagegen:

April 15.	Casse		100,— Mk.
	Zinsen à 5% v. 15./4.—31./12.		3,55 „
			103,55 Mk.

Zu Gunsten: 103,55 Mk.
„ Lasten: 102,50 „

Es kommen daher: 1,05 Mk. dem Genossen zu Gute, da er 2½ Monate früher als nothwendig Zahlung leistete. Würde dagegen die Zahlung am 1. Juli erfolgt sein, so würde der Zinslauf für die Waaren mit demjenigen für die Zahlung zusammenfallen. In beiden Fällen würden die Zinsen je 2,50 Mk. ausmachen und die Balance wäre hergestellt.

Am Jahresschluß hat jedes Mitglied die aus dem Waarencredit schuldig gebliebene Summe wechselmäßig anzuerkennen, wodurch der Activposten der Außenstände urkundlich nachgewiesen werden kann.

Diese gesammten Einrichtungen bei der Waaren-Entnahme sind die Errungenschaften jahrelanger Versuche und Erfahrungen, sie funktioniren bis jetzt ganz vortrefflich.

Der Einkauf der Artikel, die Festsetzung der Verkaufspreise und die damit zusammenhängenden Maßnahmen bilden einen wichtigen Theil der geschäftlichen Thätigkeit in jedem Waaren-Verein. Durch die Erfahrung belehrt, werden hier diese Arbeiten nicht mehr einer einzelnen Person übertragen, sondern collegialisch erledigt, d. h. der dreigliedrige Vorstand versammelt sich unter Zutritt des viergliedrigen Aufsichtsraths zweimal wöchentlich in regelmäßigen Sitzungen, in welchen die Fabrikanten empfangen, Offerten entgegengenommen, Bestellungen beschlossen, eingelieferte Waaren auf Güte und Maaß geprüft, die Verkaufspreise dazu festgesetzt, Rester und uncourant gewordene Artikel zur Auction unter den Genossen bestimmt werden. Specielle Geschäftsanweisungen für Vorstand, Aufsichtsrath und Geschäftsführer bilden die Unterlage für diese Handlungen. Trotzdem eine Masse sogenannter Kleinarbeit damit verbunden ist, wird genau darauf geachtet, daß zu allen diesen Beschlüssen der protokollarische Nachweis hergestellt wird. Das Letztere gilt natürlich auch für die Revisionsarbeiten des Aufsichtsrathes. Die Männer, welche durch das Vertrauen der Genossen in die Verwaltung und Controle berufen worden sind, lassen es sich eben nicht nehmen, zu jeder geschäftlich nothwendig gewordenen Maßregel den urkundlichen Beweis des richtigen Zustandekommens derselben führen zu können. Es mag Erfolg oder Nichterfolg oder auch Mißerfolg eingetreten sein, gleichviel, die Körperschaften traten stets als solche handelnd auf und lassen durch die Protokollirung immer Klarheit herrschen über die Entstehung, Entwickelung und den Stand jeder einzelnen Sache. Dadurch verschaffen sie sich auch die Gewißheit, daß etwa später, nach ihrem Weggang von den Aemtern, eintretende Mißgriffe nicht auf ihre Verwaltung zurückgeführt werden können.

So unendlich wichtig diese Handhabung auf der einen Seite für die einzelne Person selbst ist, so großen Werth schließt solche andererseits für die Genossenschaft in sich. Abgesehen davon, daß müßigen Redereien wegen Beeinflussung der Fabrikanten, Bevorzugung einzelner Genossen bei Abgabe der Waaren u. dergl. der Boden entzogen ist, haben die Genossen das Bewußtsein, daß das Interesse der Genossenschaft stets nur durch die Körperschaften wahrgenommen wird. Und sie wissen aus eigener Erfahrung, daß dies größere Gewähr bietet, als wenn Einzelwillen maßgebend sind. Auftauchenden Zweifeln kann auf Grund der Niederschriften begegnet werden. So ist durch diese Einrichtung nach beiden Seiten die Interessengemeinschaft geschützt!

Die eingehenden Waaren werden mit Einkaufs- und Verkaufspreis, sowie mit dem Ausmaaß im Lagerbuch eingetragen, das Stück selbst danach ausgezeichnet und dem Lagerhalter vorgemessen übergeben, der wiederum seinerseits im Lagercontrolbuch die Vormerkung bewirkt und durch die Verkaufskladde den detaillirten Verkauf des Stückes nachweist.

Hierbei sei bemerkt, daß Mankovergütungen für den Lagerhalter nicht eingeführt sind, da die Stücke stets Uebermaaß halten, welches regelmäßig, wie schon erwähnt, sogar noch einen Nutzen für die Genossenschaft (Lagerplus) zur Folge hat.

Im Anfang der genossenschaftlichen Thätigkeit wurde der Verkaufspreis durch einen 5%igen Aufschlag auf den Einkaufspreis festgesetzt. Dieser Zuschlag erhöhte sich, seiner Unzulänglichkeit wegen bald auf 10%. Gegenwärtig bewegt sich der Zuschlag zwischen 15 und 20%, je nach dem Charakter der Waare und dabei bleibt jeder Genosse concurrenzfähig, wie die von Zeit zu Zeit vorgenommenen Vergleiche mit den Preisen der Concurrenz ergeben. Bei den früheren geringen Aufschlägen war zu bemerken, daß theilweise die Genossen den darin liegenden größeren Vortheil ihrer Kundschaft zukommen ließen, indem sie den Herstellungspreis der Bekleidungsgegenstände entsprechend billiger normirten. Durch die Fortsetzung würde eine Preisunterbietung Platz gegriffen haben, welche den gesammten Nutzen der Vereinsthätigkeit auf die Kundschaft übertragen hätte. Solcher Wirkung mußte, in diesem Umfange wenigstens, vorgebeugt werden. Gegenwärtig ist über die Veränderung in den Kreisen der Genossen nur eine zustimmende Haltung zu bemerken. Sie hat nämlich gleichzeitig zur Folge gehabt, daß sich ein Brauch einbürgerte, der außerordentlich geeignet ist, den Kundenkreis der Genossen zu erweitern. Der Meister führt jetzt zumeist seinen Kunden nach der Verkaufsstelle, damit dieser den Stoff im Stück besichtigen, sich gleichzeitig von der Preisauszeichnung überzeugen und Vergleiche mit den Concurrenzpreisen anstellen kann. Das ist überaus werthvoll.

Die vorhin erwähnte Verkaufskladde wird zum Monatsschluß ausgezogen, d. h. es wird die Summe in einem Sammelbuch festgestellt, für welche der einzelne Genosse Waaren entnommen hat und die so ermittelte monatliche Endziffer wird sodann auf das Personal-Conto des betreffenden Genossen übertragen, auf welchem Conto andererseits die geleisteten Zahlungen verzeichnet stehen. Die schon besprochenen Beibücher der Genossen haben alsdann mit diesen bücherlichen Feststellungen Uebereinstimmung aufzuweisen.

Auf diese Art ist nach und nach ein völlig geregelter Verkehr entstanden, die früheren Klagen über Unregelmäßigkeiten sind gänzlich verstummt, im Gegentheil wird öfter der Zufriedenheit über die zeitigen Verwaltungs-Einrichtungen Ausdruck gegeben.

Die Bearbeitung der Geschäftsbücher der Genossenschaft erfolgt nach den Regeln der doppelten Buchhaltung. Cassabuch, Hauptbuch, Memorial und das Buch für die Personenconten bilden die hauptsächlichsten Bestandtheile. Als Nebenbücher kommen das Einkaufs- bezw. Verkaufsbuch, das Sammelbuch, Lager- und Lagercontrollbuch, die Verkaufskladde und verschiedene kleinere Hilfsbücher in Betracht, deren Bedeutung durch die vorausgegangenen Erörterungen klargestellt ist.

In dem Cassabuch finden nur die baaren Ein- und Ausgänge Aufnahme. Im Memorial werden die nichtbaaren Vorfälle, wie Waaren-Ein- und Ausgänge u. dergl. verzeichnet. Das Hauptbuch enthält die Sach- oder todten Conten, wie solche aus der Bilanz ersichtlich werden. Für das Geschäftsjahr vom 1. Aug. 1894 bis 31. Juli 1895 wurde folgende Bilanz nebst Gewinn- und Verlustberechnung veröffentlicht:

Bilanz

vom 31. Juli 1895.

Activa.	ℳ	₰	Passiva.	ℳ	₰	ℳ	₰
Cassa-Conto, Bestand	14017	03	Creditoren-Conto, Waaren-				
Waaren-Conto, Bestand	63657	40	Schulden			1058	10
Forderungen-Conto	94089	56	Gehalt-Conto (rückst. Gehalte)			3590	90
Utensilien-Conto	882	45	Unkündb. Capital-Conto	43984	56		
			5 % Zinsen darauf	2201	62		
			Monats-Einzahlungen	421	—	46607	18
			Geschäftsguthaben-Conto	83813	19		
			5 % Zinsen darauf	4187	05		
			Monats-Einzahlungen	297	—	88297	24
			Reservefonds-Conto			14925	62
			Dispositionsfonds-Conto			1038	81
			Böse Schuldner-Conto			650	—
			Gewinn- und Verlust-Conto, Gewinn			16478	59
	172646	44				172646	44

Debet. Gewinn- und Verlust-Conto. Credit.

Debet.		ℳ	₰	Credit.	ℳ	₰
5 % Abschreibung auf Utensilien		46	40	Rabatt-Vergütungen	5836	16
Geschäftsunkosten einschl. Gehalte		7784	48	Gewinn vom Waaren-Conto	20632	30
Zinsen-Conto, gezahlte:						
auf unkündb. Capit.	2201,62					
„ Gesch.-Guthaben	4187,05					
„ Waaren-Zahlungen vergütet	4039,87					
	10428,54					
erhaltene:						
auf Waaren-Forderungen an Genossen	8469,55					
daher mehr gezahlt als Ausgabe		1958	99			
In Reserve gestellt		200	—			
Netto-Gewinn		16478	59			
		26468	46		26468	46

Einschaltend sei darauf hingewiesen, wie aus diesen Ziffern ersichtlich wird, worauf schon an anderer Stelle aufmerksam gemacht wurde: in welch geringem Umfange die Monatseinzahlungen auf Capitalien- und Geschäftsguthaben-Conto nothwendig werden. Die Genossen hatten hierfür zusammen 718 Mk. aus eigenen Mitteln aufzubringen, dagegen erhielten sie an Capital-Dividende (5%) 6388 Mk. 67 Pf. zugeschrieben, **aber außerdem noch eine Dividende von 11% auf die Waaren-Entnahme mit 15740 Mk. 15 Pf.!**

Zu bemerken ist noch, daß die Activconten des Waarenbestandes und der ausstehenden Forderungen durch das Inventurbuch und entsprechende Personenconten ihren Special-Nachweis finden. Die Passivconten der Creditoren, der unkündbaren Capitalien und der Geschäftsguthaben werden gleichfalls durch Personenconten specificirt.

Am Jahresschluß wird mit dem Ausmessen der Stoffe u. s. w. begonnen und das Inventurgeschäft überhaupt von Vorstand und Aufsichtsrath eingeleitet. Nach der Aufnahme der Bestände wird das Inventurbuch aufgerechnet und zwar wird der Lagerbestand nach den Verkaufspreisen ermittelt. Hiervon wird der auf den Waaren ruhende Durchschnitts-Aufschlag von 20% abgesetzt und die solchergestalt hervorgegangene Netto-Summe für die Bilanz vorgemerkt. Die Berechnung erfolgt also eigentlich zu Einkaufspreisen, wie es auch nothwendig ist. Die Inventur-Aufnahme hat Uebereinstimmung mit dem Waaren-Conto des Hauptbuchs und den Lagerbüchern zu ergeben, bezw. das Lagerplus nachzuweisen.

Ein besonderes Augenmerk ist stets auf die entsprechende Verjüngung im Mitgliederbestand zu richten, d. h. der Zuwachs darf nicht derart gering werden, daß ein allmäliges Aussterben der Genossen Platz greift, im Gegentheil! In dem erforderlichen Zuzug an jüngeren Kräften liegt ein gut Stück von der Lebensfähigkeit der Genossenschaft überhaupt. Die Mitgliederzahl ist hier von ursprünglich 34 auf 69 gestiegen. Dabei schätzte man die Berufsgenossen der Branche am Orte auf etwa 300 im Jahre 1861. Heute nimmt man an, daß sich diese Zahl nahezu verdreifacht habe. Die Zahl der Mitglieder könnte hiernach eine höhere sein, allein es darf auch nicht unberücksichtigt bleiben, daß inzwischen noch andere Vereinigungen (Produktiv- und Magazingenossenschaften) im nämlichen Gewerbe entstanden sind.

Am Schlusse der kleinen Schilderung angelangt, darf nicht unerwähnt bleiben, daß durch die Geschäftsthätigkeit der Genossenschaft gewissermaßen ein Regulator für die gesammte Branche am Platze geschaffen ist. Die Concurrenzgeschäfte müssen heute der Genossenschaft und ihren Preisbildungen Beachtung schenken, wenn sie im Wettbewerbe berücksichtigt bleiben wollen. Und das ist ein Segen für sämmtliche Betheiligten im Berufe, mögen sie der Genossenschaft angehören oder nicht. Die guten Wirkungen machen sich aber noch in einer weiteren Richtung für den gesammten Beruf geltend. Es ist Thatsache, daß die Vertreter des Schneidergewerbes am Orte heute in der Hauptsache dem Mittelstande angehören, jenem Stande, von welchem angenommen wird, daß er von dem kapitalistischen Großbetrieb am meisten alterirt wird. Es ist sehr die Frage, ob in anderen Städten ohne eine solche einflußreiche genossenschaftliche Stelle von den Gliedern des Berufs immer das Nämliche berichtet werden kann!

Die rechte Ausdauer ists, die hier in der Magdeburger Rohstoff-

Association ein so prächtiges Genossenschafts-Gebäude entstehen ließ. Ohne Mühe kein Preis. Dieses Wort haben die Magdeburger gewürdigt, sie können jetzt auch mit berechtigtem Stolz auf das Erreichte blicken. Es ist das reine Ergebniß eigener Thatkraft. Und dieser Umstand wird stets das sittliche Moment in der genossenschaftlichen Thätigkeit auf seiner Höhe erhalten!

II.

Die Association der Schuhmacher zu Wolfenbüttel,
eingetragene Genossenschaft mit unbeschränkter Haftpflicht.

Ueberaus lehrreich ist auch der Entwickelungsgang dieser Rohstoffgenossenschaft. Wir können uns bei der Schilderung auf diejenigen Punkte beschränken, welche besonders charakteristisch und für die Praxis werthvoll sind, um nicht durch Wiederholung sonstiger Einzelheiten Zeit und Raum unnöthig in Anspruch zu nehmen.

Dieselben Ursachen wie in Magdeburg führten auch in Wolfenbüttel und zwar 10 Jahre früher, 1851, zum genossenschaftlichen Zusammenschluß im Schuhmacher-Handwerk. Nur trat hier noch der wichtige Umstand hinzu, daß die Kleinmeister, wenn auch nicht ausschließlich, so doch vielfach, durch Creditbenutzung bei den Händlern in ihren Schritten gehemmt waren. Es mußte daher ein Weg gefunden werden, welcher das Unternehmen rasch entstehen ließ, um die sicher zu erwartenden Kreuz- und Querzüge der Gegner wirkungslos zu machen. Die Aufnahme einer 3000 Thaler betragenden Anleihe von befreundeter Seite gab den Anfang zur finanziellen Fundirung. Creditvereine, die natürlichen Bundesgenossen der Handwerkergenossenschaften, waren damals erst im Entstehen begriffen. Die regelmäßigen Einzahlungen der Genossen, ferner die Zuschreibungen aus den Ueberschüssen stärkten die Betriebsmittel dergestalt, daß der Waarenbezug gleich im Anfang auf die nothwendigsten Artikel ausgedehnt werden konnte.*) Die im Jahre 1853 vorgenommene erste Abrechnung ergab zu Aller Freude einen Reinertrag von 534 Thlr. 9 Sgr. 8 Pf. Das Erträgniß fiel in den nächsten Jahren auf 460 bezw. 295 Thlr. und stieg auf 795 Thlr. im Jahre 1857. Das folgende Jahr brachte kein Erträgniß, veranlaßt durch Verluste und ungünstige Conjunctur. Von da ab erscheinen die Gewinnziffern wieder in aufsteigender Richtung, später in wechselnder Höhe u. s. f. Leider ist eine statistische Darstellung über die Geschäftsergebnisse überhaupt, nicht zu ermöglichen, da die bücherlichen Unterlagen bis zum Jahre 1891 den richtigen Anhalt nicht gewähren.

Der Lagerhalter hat auch hier bis zum Jahre 1891 eine Stellung eingenommen, die ausschlaggebend für die ganze Vereinsthätigkeit werden mußte. Seine Honorirung bestand aus einer Provision auf die verkauften Waaren und war im Anfang so mäßig, daß das Aufgeben seines eigenen Ladengeschäfts von ihm nicht gefordert werden konnte. Darin aber lag der Schwerpunkt für alle später eintretenden Schwierigkeiten und Mißstände. Die Fortführung des concurrirenden Privatgeschäfts neben der

*) Die Abgabe der Waaren an die Genossen erfolgte im Anfang meist gegen baar, nur zum Theil auch auf Credit.

Verwaltung des genossenschaftlichen Unternehmens führte zu Unklarheiten, die dadurch noch eine Steigerung erhielten, daß der Waaren-Ein- und Verkauf durch den Lagerhalter größtentheils allein bewirkt wurde!

Der Verkauf war so eingerichtet, daß jeder Genosse beim Cassirer bis zur Höhe seines Credits Bons entnehmen konnte, gegen welche der Lagerhalter die Waaren abgab. Für Waaren-Entnahmen, die sich über die Bons-Beträge hinaus erstreckten, wurde regelmäßig der Credit des Lagerhalters in Anspruch genommen. Dieses Ineinandergreifen des eigenen Lagerhalter-Geschäfts mit dem der Genossenschaft auf dem Creditgebiet hatte zur Folge, daß mit der Zeit die riskanteren Außenstände mehr bei der Genossenschaft vorzufinden waren, während umgekehrt diejenigen Waaren-Entnahmen, welche kein oder nur ein geringes Risico mit sich brachten, mehr oder weniger dem Privatgeschäft zu Gute kamen. Der vom Lagerhalter zum Theil allein besorgte Einkauf, sowie die nämliche Handhabung in der Preisbestimmung machten es unmöglich, die Controle in der wirksamen Art durchzuführen, wie solche im Interesse des Instituts nothwendig war.

Dieser Zustand fand auch nicht die erhoffte Abhilfe durch den Wechsel, welcher sich 1881 in der Person des Lagerhalters vollzog, vielmehr trat im Laufe der Jahre noch insofern eine Verschärfung ein, als an die Stelle der Verkaufs-Provision, die Provision auf den Einkauf als Entschädigung für den Lagerhalter trat. So unauffällig diese Wandlung vor sich ging, so schwerwiegende Folgen waren mit ihr für die Genossenschaft verknüpft. Durch den meist allein besorgten Einkauf war es dem Lagerhalter nunmehr möglich, seine Entschädigung wunschgemäß zu gestalten. Je größer der Einkauf, desto höher die persönlichen Einkünfte. Er wurde also Herr der Situation auch in dieser Richtung. Die genossenschaftliche Verwaltung, d. h. die thätige Theilnahme der Körperschaften und Genossen am Vereinsgeschäft war gleich Null geworden, das unumschränkte persönliche Regiment nahm diese Stelle ein.

So lagen die Dinge als die Genossenschaft 1890 zufolge der Revisions-Bestimmungen des neuen Genossenschaftsgesetzes dem Verband der Consumvereine der Provinz Sachsen beitrat. Im April 1891 wurde die erste Revision Seitens des Verbandsdirektors Oppermann aus Magdeburg vorgenommen. Dabei stellte sich in erster Linie die gänzlich ungeordnete Buchführung heraus. Einnahme und Ausgabe des Jahres, mit dem daraus hervorgehenden Cassenbestand bildeten das einzige Rechnungswerk. Die bilanzmäßige Aufstellung des Vermögens und der Schulden hatte nur unzureichend stattgefunden, eine Gewinn- und Verlustberechnung war nicht vorgenommen. Die vorläufig ermittelte Bilanz:

Activa.	ℳ	₰	Passiva.	ℳ	₰
Waaren-Vorräthe . . .	45731	—	Geschäftsguthaben	64904	—
Ausstehende Forderungen .	90251	—	Reserven	5868	—
Hypothek	3375	—	Unkosten	2067	—
			Anleihen	19746	—
			Caution	3000	—
			Waaren-Schulden	41953	—
			Vorschuß	1689	—
			Reingewinn	130	—
	139357	—		139357	—

verschaffte zunächst die Gewißheit, daß von einer Gewinnvertheilung nicht die Rede sein konnte, leider aber auch, daß die Anhäufung der Waaren-Vorräthe mit 45731 Mk., auch das Anwachsen der Außenstände für entnommene Waaren bis auf die enorme Summe von 90251 Mk. in gar keinem Verhältniß zum ganzen Geschäft stand. Unter den Lagerbeständen fand man allein einen Vorrath an Schäften im Werth von 21257 Mk. vor. In solchem Umfang dürfte der Artikel kaum noch bei einem gleichartigen Unternehmen anzutreffen sein. Die Existenz der Genossenschaft war ernstlich gefährdet, es galt daher, rüstig zu schaffen, um wenigstens die augenblickliche Gefahr zu beseitigen. Vor Allem war es nöthig, die Außenstände auf ihre Einbringlichkeit zu prüfen. Diese und andere Arbeiten wurden erheblich aufgehalten durch die mehr als oberflächliche Bearbeitung, welche den Geschäftsbüchern zu Theil geworden war. Endlich — Mitte 1892 — war das Werk durchgeführt. Ein Verlust von 24914 Mk. war festgestellt! Besonders war derselbe durch die Anhäufung der Lagerbestände, zum größten Theil aber durch uneinbringliche Forderungen entstanden. Die Ursachen dazu lagen in der Entschädigung des Lagerhalters nach dem Einkauf und in der Beibehaltung des eigenen Ladengeschäfts des Lagerhalters im Geschäft der Genossenschaft.

Der Reservefonds mußte geopfert und an den Geschäftsguthaben der Genossen eine Abschreibung von 22% vorgenommen werden. Von 129 Mitgliedern ergriff etwa die Hälfte die Fahnenflucht. Die Stimmung war eine äußerst erregte. Acht der ausgeschiedenen Genossen prozessirten mit der Genossenschaft und erst im Jahre 1895 wurde dieser Prozeß durch einen für die Genossenschaft günstigen Vergleich beendet.

Das waren schwere Zeiten für die der Sache treu gebliebenen Männer. Ein hartes Lehrgeld zwar, aber doch von guten Folgen begleitet, denn jetzt sind die Einrichtungen bedenklicher Art, die zur Catastrophe führten, beseitigt und durch andere, bewährte, ersetzt worden.

Der Ein- und Verkauf der Waaren, die Fixirung der Preise u. s. w. vollzieht sich jetzt fast ebenso wie in der Magdeburger Rohstoffgenossenschaft der Schneider. Der Einkauf erfolgt für die Hauptartikel zweimal jährlich und zwar gelegentlich der Februar- und August-Messe. Durch einen 10 bis 15%igen Aufschlag zum Einkaufspreis wird der Verkaufspreis festgesetzt und die Abgabe der Waaren kann erst dann erfolgen, wenn die Preis-Auszeichnung vollständig beendet wurde, sodaß einem jeden Genossen völlig freie Auswahl in den vorhandenen Qualitäten je nach seinem Bedürfniß gesichert ist.

Der Ausschnitt, einer der wichtigsten Geschäftszweige in einer Rohstoffgenossenschaft für Schuhmacher wird in der Weise wahrgenommen, daß bei dem alljährlich zweimal erfolgenden Eintreffen der Waaren sofort die zum Ausschnitt geeigneten Häute bestimmt und die Ausschnittarbeiten begonnen werden. Die erzielten Ausschnittstücke werden in einem besonderen Ausschnittbuch verzeichnet, mit Verkaufspreis versehen und dann selbst hiernach ausgezeichnet, sodaß auch auf diesem Gebiet allen Genossen freie Auswahl gesichert und jede Bevorzugung ausgeschlossen ist. Diese Arbeiten werden zweckmäßig ebenfalls der in Abschnitt III Seite 27 in der Anmerkung geschilderten Waaren-Commission zu überweisen sein.

Der für jeden Genossen festgesetzte Credit kann bis zu einem halben Jahre ausgenutzt werden. Die Zinsberechnung hierfür und für die geleisteten Zahlungen wird nach demselben Modus wie in Magdeburg und zwar zu dem Satze von 4% vorgenommen. Der Geschäftsantheil ist auf 300 Mk. festgesetzt, welcher sofort voll, oder auch durch Raten von jährlich 10% eingezahlt werden kann. Das Eintrittsgeld beträgt 6 Mk. und fließt neuerdings richtig zum Reservefonds; bis zum Jahre 1888 wurde dasselbe an ausscheidende Genossen zurückgezahlt! Das Lager- und Lagerhalterbuch ermöglicht die Controle so, daß die Verwendung jedes einzelnen, zum Lager eingelieferten Waarenstückes nachgewiesen werden kann. Ueberhaupt ist die Buch- und Rechnungsführung jetzt in allen Theilen klar und übersichtlich geordnet.

Die Entschädigung des Vorstandes bezw. Lagerhalters ist in einem festen Satze vom Verkaufserlös, wie in den ersten Jahren der Vereinsthätigkeit, vereinbart.

Das Geschäftsjahr vom 1. Juli 1893 bis 30. Juni 1894 wies bereits wieder ansehnliche Ergebnisse auf. Es konnte auf die Geschäftsguthaben eine Dividende von 5% und auf die Waaren-Entnahme eine solche von 7% vertheilt werden. Dieselben Sätze wurden für die letzte Geschäftsperiode ermöglicht, in welcher der Verkaufs-Erlös die Höhe von 48725 Mk. erreichte. Der Abschluß stellt sich wie folgt:

Bilanz

Activa. am 30. Juni 1895. Passiva.

Activa	ℳ	₰	Passiva	ℳ	₰
Casse	370	41	Geschäftsguthaben . . .	14345	12
Waaren-Vorrath	12825	—	Reservefonds	2286	70
Buchforderungen	34747	84	Dispositionsfonds	1123	78
Cautions-Effecten	1500	—	Waaren-Schulden . . .	21671	08
Utensilien	158	67	Versch. Guthaben	5719	74
			Gewinn	4455	10
	49601	42		49601	42

Gewinn- und Verlust-Conto.

Debet. Credit.

Debet	ℳ	₰	Credit	ℳ	₰
Unkosten	2849	48	Waaren-Conto, Gewinn .	5607	94
Gewinn	4455	10	Versch. Gewinne	1696	64
	7304	58		7304	58

Diese so überaus schnell eingetretene Gesundung der Verhältnisse ist lediglich den durchgreifenden Reformen zuzuschreiben. Flickwerk war hier nicht am Platze. Gegenwärtig ist diejenige Schaffenslust bei den Genossen wieder eingetreten, welche als der Ausfluß voller Ueberzeugung von der wiederhergestellten inneren Güte des Unternehmens betrachtet werden darf.

„Wir haben jetzt", sagen die Wolfenbütteler Genossen, „in unserer Rohstoffgenossenschaft die sicherste Bürgschaft für die Concurrenzfähigkeit des Einzelnen. Dieser genießt alle Vortheile des Großeinkaufs: Vorzügliche Qualitäten, angemessene Preise und daneben die weiteren Vortheile des gemeinsamen Bezugs, in der Dividende. Dabei stehen wir unabhängig da, im selbstgeschaffenen und selbstverwalteten Institut — Jeder sein eigener Herr!"

Aus dem Munde von Männern, denen harte Prüfungsstunden auferlegt waren, wirkt solches Wort doppelt erhebend.

Wie überall, wo Mißerfolge von Rohstoffgenossenschaften zu Tage getreten sind, so war auch hier der Grund dafür in der mangelhaften Organisation, in der Nichtbeachtung genossenschaftlicher Grundlehren zu erblicken. Desto höher ist die Ausdauer hier anzuschlagen, die endlich die Organisation zu einem befriedigenden Abschluß brachte.

Heute ist das Vorgehen wesentlich erleichtert. Wo man sich auch für die Gründung von Rohstoffgenossenschaften interessiren mag, stets werden die Erfahrungen bestehender gleichartiger Genossenschaften, insbesondere der Magdeburger und Wolfenbütteler, schätzbares Material hierzu bieten. Die sogenannten Kinderkrankheiten gefährlicherer Natur können vermieden werden, wenn diesen Erfahrungen die erforderliche Aufmerksamkeit gewidmet wird.*)

Die beiden Genossenschaften und noch viele andere ihrer Art liefern den besten Beweis, daß das Handwerk auf dem eigentlichen Geschäftsgebiet sehr wohl den veränderten Zeitverhältnissen folgen kann, wenn die genossenschaftliche Vereinigung zur Anwendung gebracht wird.

Der früher oft gehörte Einwand, daß die unbeschränkte Haftpflicht die Handwerker vom genossenschaftlichen Zusammenschluß abhalte, kann jetzt nicht mehr erhoben werden, seitdem das 1889er Genossenschaftsgesetz in Geltung ist, welches bekanntlich auch die beschränkte Haftpflicht zuläßt. Durch die Annahme dieser Haftart wird der Umfang der Haftpflicht im Voraus begrenzt.

Allen Handwerkern aber, welche den Zusammenschluß in einer Rohstoffgenossenschaft ins Auge fassen, kann nur dringend empfohlen werden, zunächst mit einem in der Nähe befindlichen, auf dem Boden der Selbsthilfe arbeitenden Vorschußverein in Verbindung zu treten. Die zu dem Allgemeinen von Schulze-Delitzsch begründeten Verband**) gehörigen Creditgenossenschaften haben wiederholt, letztmalig in Augsburg 1895 erklärt, die Errichtung von Handwerkergenossenschaften überall, wo ein Bedürfniß besteht und die Kräfte zur Leitung vorhanden sind, zu fördern und zu unterstützen und zur Befreiung der in den Händen ihrer Lieferanten befindlichen Handwerker wegen Wiedergewinnung ihrer wirthschaftlichen Selbstständigkeit die Hand zu bieten, soweit dies nach Lage des gegebenen Falles möglich ist.

Was die landwirthschaftlichen Einkaufs-Genossenschaften für den billigeren Bezug der Betriebsartikel im landwirthschaftlichen Gewerbe, was die Creditgenossenschaften für die Creditfähigkeit aller Berufsklassen, das sind die Rohstoffgenossenschaften der Handwerker für den gemeinsamen Bezug der im Handwerk erforderlichen Rohmaterialien und die dadurch verbesserte und erhöhte Concurrenzfähigkeit!

An dieser Stelle gilt es zunächst einzusetzen, um die Förderung der

---

*) Ueber die Einrichtungen geben die Geschäftsanweisungen, Statuten u. s. w. Aufschluß, welche der Allgemeine Verband Deutscher Erwerbs- und Wirthschaftsgenossenschaften in Berlin W., Rankestraße 5 vorräthig hält und auf Wunsch gern abgiebt. — Neuentstehenden Genossenschaften wird an dieser Stelle stets die nöthige Rathsertheilung.

**) Die Geschäftsstelle des Allgemeinen Verbandes Deutscher Erwerbs- und Wirthschaftsgenossenschaften befindet sich Berlin W., Rankestraße 5.

Berufs- und Standesinteressen von Innen heraus in die Wege zu leiten. Jeder Handwerker, der von der Richtigkeit dieser Anschauungen überzeugt ist, sollte nicht zurückstehen, sollte mit Gleichgesinnten sich zusammenthun, um der Vortheile des genossenschaftlichen Betriebes theilhaftig zu werden.

Der mächtige Wettkampf der Gegenwart fordert das Eintreten des Einzelnen mit der vollen eigenen Thatkraft! Wer vor dieser Nothwendigkeit die Augen verschließt, wird zu spät erfahren, daß er im Irrthum befangen. Er wird seitwärts zurückbleiben. Weder fremde Hilfe noch äußerliche Maßnahmen vermögen mit ihren Wirkungen an die wirthschaftliche und sittliche Machtfülle heranzureichen, welche der Bethätigung eigener Kraft innewohnt!

Darum, Handwerker, mit kleinen Anfängen in der Rohstoffgenossenschaft das Werk rüstig begonnen, welches in der heutigen Zeitrichtung als das Zunächstliegende erscheint, die wirthschaftlich schwachen Kreise des Handwerkerstandes concurrenzfähig zu erhalten, gegenüber der Capitalmacht und dem Großbetrieb! —

III.

Buchführung und Rechnungswerk.

Den Bestimmungen des Allg. Deutschen Handelsgesetzbuchs über die Führung von Handelsbüchern und die Bilanz-Aufstellung — Art. 28—33 — haben die Genossenschaften zu entsprechen, da sie nach § 17 des Genossenschaftsgesetzes im Sinne des Handelsgesetzbuchs als Kaufleute gelten. Es darf außerdem als bekannt vorausgesetzt werden, daß nach hergebrachter guter Sitte eine geordnete und übersichtliche Buchführung ohnehin zu den vornehmsten Pflichten des Kaufmanns gehört.

Es entsteht nun die Frage, welche Buchführungs-Art für eine Rohstoffgenossenschaft am geeignetsten erachtet werden kann, um über den gesammten Haushalt den erforderlichen bücherlichen Nachweis klar zu führen, ohne daß dabei allzuhohe Ansprüche erhoben werden. Im Allgemeinen kommen in Betracht die einfache und die doppelte Buchhaltungs-Methode. Die doppelte Methode hat die weitaus größte Berücksichtigung in der maßgebenden kaufmännischen Welt gefunden und wird der einfachen Methode aus den wichtigen Gründen vorgezogen, weil sie die Probe auf die Richtigkeit der Buchungen in sich trägt und auch den speziellen Nachweis liefert, wie und wo Gewinn oder Verlust entstanden ist. Diese wichtigen Vortheile sind unter den einfachen Formen nicht ohne Weiteres zu erreichen.

Nebenher sei bemerkt, daß das Poppe'sche oder amerikanische System auf denselben Grundsätzen wie die doppelte Buchhaltung beruht und nur in der äußeren Behandlung von der letzteren abweicht.

Wir schließen uns der in der Geschäftswelt vorherrschenden Meinung an und wählen in der Buchführung, welche nachstehend geschildert werden soll, ein Verfahren, das der doppelten Methode entspricht. Dabei lassen wir jedoch das sogenannte Journal in Wegfall kommen, weil die Führung eines solchen nicht gerade zu den zwingenden Nothwendigkeiten gehört, die Arbeiten aber ungebührlich vermehrt und dem Laien erfahrungsgemäß

Schwierigkeiten verursacht. Auch geben wir dem Memorial, gleich dem Cassenbuch, die rubricirte Form, um das Verständniß für die bücherliche Bearbeitung zu erhöhen.

Es erscheint zweckmäßig, den Geschäftsbetrieb einer Rohstoffgenossenschaft in der bücherlichen Wirkung vorzuführen und die weiteren Erläuterungen dabei einzuschalten, um an der Hand solchen Beispieles die praktische Unterlage für das Beabsichtigte zu gewinnen.

In den vorausgegangenen Abhandlungen interessirte uns besonders die geschichtliche Entwickelung einer Rohstoffgenossenschaft für Schneider. Wir wollen daher für die folgende Besprechung eine ebensolche Genossenschaft wählen. Die Darstellung ermöglicht die Anwendung auf die Rohstoffgenossenschaften aller anderen Gewerbe, nur daß dann selbst verständlich die anders gearteten Gegenstände des Betriebes auch dem entsprechende Veränderungen in der Bezeichnung der Conten und der inneren Beschaffenheit der Nebenbücher nothwendig werden lassen.

Damit die Beispiels-Ziffern und Formulare nicht übermäßig anschwellen, nehmen wir an, daß die Genossenschaft im November ihre Thätigkeit begonnen hat. Das erste Geschäfsjahr umfaßt nach statutarischer Vorschrift die Monate November und Dezember, später fällt dasselbe mit dem Kalenderjahr zusammen. Wir folgen dem Betrieb bis zum 1. Januar, um gleichzeitig die Abschlußarbeiten erläutern zu können.

Der Errichtung der Genossenschaft ging eine Sparperiode voraus, d. h. die Berufscollegen waren der Idee wegen Begründung einer Rohstoffgenossenschaft bereits früher nähergetreten und Jeder hatte nach seinen Verhältnissen gespart, sodaß gegen Ende October 1895 die Gründung der Genossenschaft, Annahme des Statuts, Constituirung des Vorstandes und Aufsichtsrathes, sowie die Eintragung ins Genossenschaftsregister vor sich gehen konnte.

Am 1. November 1895 fand die erste Sitzung der Waaren-Commission, bestehend aus dem dreigliedrigen Vorstand, zwei Mitgliedern des Aufsichtsraths und zwei Mitgliedern aus der Reihe der übrigen Genossen statt.*) Es wurde beschlossen und zu Protokoll genommen, von zwei Firmen vier Stück Stoffe, wie bemustert, zu bestellen. Der Verkaufspreis soll durch Aufschlag von im Mittel 15 % des Facturenwerthes hierzu ausgeworfen werden.

Die Lieferung fiel mustermäßig aus und die eingelaufenen Rechnungen oder Facturen darüber finden nebst Calculation wegen des Verkaufspreises in einem

---

*) Die alljährliche Wahl einer solchen Waaren-Commission statutarisch vorzusehen, ist jeder Rohstoffgenossenschaft auf das Dringendste zu empfehlen. Die hauptsächlichsten Punkte der Commissionsthätigkeit sind: Entgegennahme der Offerten und Muster, die Festsetzung a) der Waaren-Bestellungen, b) der Verkaufspreise, Bestimmung der zur Verauctionirung unter den Genossen gelangenden, uncourant gewordenen Waaren und Aehnliches. Je mehr darauf gehalten wird, die Mitglieder des Aufsichtsraths sowie die übrigen Genossen immer abwechselnd an dieser Commission zu betheiligen, desto wirksamer wird dem mitunter gehörten Einwand wegen Bevortheilung Einzelner begegnet werden können.

Facturen=Buch (1)

Aufnahme, welches die nachstehende Beschaffenheit zeigt:

Seite 1

Datum		Stück №	Gegenstand	Uebertragen	Betrag ℳ	₰
1895			**Max Bruch, Sorau** sendet:			
Nov.	10	1	1 Stück 25 Mtr. ff. Kammgarn à 10 Mk.		250	—
		2	1 „ 25 „ Cheviot à 10 „		250	—
				Mem. 1	500	—
			Calculation zu Nr. 1: Facturenbetrag: 250,— Mk. 15 % Aufschlag: 37,50 „ 25 Mtr. à 11,50 = 287,50 Mk.			
			Calculation zu Nr. 2: Facturenbetrag: 250,— Mk. 15 % Aufschlag: 37,50 „ 25 Mtr. à 11,50 = 287,50 Mk.			
			Ernst Flau, Guben sendet:			
„	20	3	1 Stück 24 Mtr. schwarz Extra=Tuch à 9,25 Mk.		222	—
		4	1 Stück 24 Mtr. Winter=Diagonal à 9,50 Mk.		228	—
				Mem. 1	450	—
			Calculation zu Nr. 3: Facturenbetrag: 222,— Mk. 15,14 % Aufschlag: 33,60 „ 24 Mtr. à 10,65 = 255,60 Mk.			
			Calculation zu Nr. 4: Facturenbetrag: 228,— Mk. 14,75 % Aufschlag: 33,60 „ 24 Mtr. à 10,90 = 261,60 Mk.			

In diesem Buch wird also der Inhalt der Facturen über alle eingehenden Waaren der Reihenfolge nach aufgenommen. Jedes Waaren-Stück erhält fortlaufende Nummer und wird für den Verkauf nach den Beschlüssen der Waaren=Commission calculirt. Der Uebertrags=Vermerk „Mem. 1" bedeutet, daß der Posten nach dem Memorial=Folio 1 übertragen ist.

Das Nächstliegende haben wir in der Errichtung eines

Lagerbuches (2)

für den Vorstand zu erblicken. Dieses Buch, vom Vorstand bearbeitet, wird folgende innere Gestalt anzunehmen haben:

Seite 1.

Eingang.							Ausgang.						
Datum		Stück-№	Maaß	Verkaufs-Soll ℳ	₰	Art und Preis	Verkauft nach d. Verkaufsbuch Datum		Name	Maaß	Erlös ℳ	₰	Quittung des Lagerhalters
1895							1895						
Nov.	10	1	25	287	50	**Kammgarn** à 11,50 Mk.	Nov.	30	Mix	25	287	50	25 Mtr. Nr. 1 auf Lager erhalten. (Dat.) Noack, Lagerhalter.
1895							1895						
Nov.	10	2	25	287	50	**Cheviot** à 11,50 Mk.	Nov.	30	Mix	1,09	12	50	25 Mtr. Nr. 2 auf Lager erhalten. (Dat.) Noack, Lagerhalter.
							„	30	Gut	17,40	200	-	
							Dec.	31	Menz	6,51	75	—	
			25	287	50					25,—	287	50	
1895							1895						
Nov.	20	8	24	255	60	**Extra-Tuch** schwarz à 10,65 Mk.	Nov.	30	Mau	0,94	10	—	24 Mtr. Nr. 3 auf Lager erhalten. (Dat.) Noack, Lagerhalter.
							Dec.	14	Mix	2,82	30	—	
							„	31	Menz	7,04	75	—	
1895													
Nov.	20	4	24	261	60	**Diagonal** à 10,90 Mk.							24 Mtr. Nr. 4 auf Lager erhalten. (Dat.) Noack. Lagerhalter.

Die nach dem Facturenbuch (1) eingegangenen Waaren werden hier nach Stücknummer, Ausmaaß und Verkaufspreis im „Eingang" vorgemerkt. Der Lagerhalter hat im „Ausgang" über die auf Lager entnommenen Waarenstücke zu quittiren und die aus dem Verkaufsbuch (4) des Lagerhalters ermittelten Verkäufe werden hier verzeichnet. Durch das so gestaltete Lagerbuch verschafft sich der Vorstand die Uebersicht zum jeweiligen Umfang des Lagers.

Der Lagerhalter hat als Probe dazu ein

Lager-Controlbuch (3)

zu führen, welches in der nachstehenden Form:

Seite 1.

Eingang							Verkauft					
Datum		Stück-№	Maaß	Verkaufs-Soll ℳ	₰	Art und Preis	Datum		Name	Maaß	Verkaufs-Erlös ℳ	₰
1895 Nov.	10	1	25	287	50	**Kammgarn** à 11,50 Mk.	1895 Nov.	30	Mix	25	287	50
1895 Nov.	10	2	25	287	50	**Cheviot** à 11,50 Mk.	1895 Nov.	30	Mix	1,09	12	50
							"	30	Gut	17,40	200	—
							Dec.	31	Menz	6,51	75	—
			25	287	50					25	287	50
1895 Nov.	20	3	24	255	60	**Extra-Tuch** schwarz à 10,65 Mk.	1895 Nov.	30	Mau	0,94	10	—
							Dec.	14	Mix	2,82	30	—
							"	31	Menz	7,04	75	—
1895 Nov.	20	4	24	261	60	**Diagonal** à 10,90 Mk.						

dem Lagerbuch (2) in der Hauptsache nachgebildet ist und wodurch es dem Lagerhalter selbst ermöglicht wird, den Umfang des Lagers und die Uebereinstimmung mit dem Lagerbuch (2) des Vorstandes festzustellen.

Erhalten diese beiden Lagerbücher Nr. 2 und 3 in Bezug auf die eingelieferten Waaren durch das Facturenbuch (1) die nöthige Unterlage, so giebt das nachstehend dargestellte, vom Lagerhalter zu führende

Verkaufs-Buch (4):

Seite 1.

Datum		Gegenstand	Uebertragen	à Conto ℳ	à Conto ₰	baar ℳ	baar ₰	Quittung des Cassirers
1895								
Nov.	30	E. Mix 25 Mtr. Nr. 1 à 11,50 Mk.	Samm.-B. / 1	287	50			
„	30	Derselbe 1,09 „ „ 2 à 11,50 „	1	12	50			
„	30	F. Gut 17,40 „ „ 2 à 11,50 „	2	200	—			Zehn Mark Casse erhalten. 30. 11. 95. Horn, Cassirer.
„	30	F. Mau 0,94 „ „ 3 à 10,65 „	C.-B. / 1			10	—	
				500	—	10	—	
1895								
Dec.	14	E. Mix 2,82 Mtr. Nr. 3 à 10,65 Mk.	C.-B. / 2			30	—	Dreißig Mk. Casse erhalten. 14. 12. 95. Horn, Cassirer.
„	31	P. Menz 6,51 „ „ 2 à 11,50 „	Samm.-B. / 3	75	—			
„	31	Derselbe 7,04 „ „ 3 à 10,65 „	3	75	—			
				150	—	30	—	

den erforderlichen Anhalt für die Einträge über verkaufte Waaren. Der Verkauf findet gegen baar oder à Conto der Mitglieder statt. Tritt bei Waaren-Entnahme auf Credit Zinsberechnung ein, wie in Abschnitt I Seite 16 dargestellt, dann ist die Gewährung einer dementsprechenden Vergütung (Sconto) auf die Waaren-Entnahme gegen baar der gleichmäßigen Behandlung der Genossen wegen erforderlich.*)

Die Uebertrags-Vermerke machen ersichtlich, daß die einzelnen Posten, je nachdem sie à Conto oder gegen Baarzahlung entnommen worden sind, im Sammelbuch (7) oder Cassabuch (8) zur Vormerkung gelangten.

Der Baar-Erlös wird zur Casse abgeliefert, worüber der Cassirer in der vorgesehenen Rubrik zu quittiren hat.

Die à Conto entnommene Waare wird vom Lagerhalter außer in das vorstehende Verkaufsbuch (4) in das in Händen des Genossen befindliche

*) Z. B. würde in einer Genossenschaft, welche dreimonatlichen Credit gewährt und $4^0/_0$ Zinsen berechnet, auf einen Baar-Posten von 100 Mk. der Satz von $1^0/_0$ Sconto = 1 Mk. zu bewilligen sein, denn 100 Mk. auf ein Vierteljahr à $4^0/_0$ ergeben 1 Mk. Zinsen. Der Waaren-Posten kann nach der Wahl des Genossen natürlich auch über Conto mit der Baarzahlung auf der anderen Seite geführt werden. Die Zins-Wirkung deckt sich dann mit dem Scontosatze. Die Vorführung des Sconto-Beispieles erfolgte deshalb, weil in der Praxis Genossen mitunter nur Zug um Zug — hier Waare, da Geld — entnehmen und keine monatlichen Abrechnungen mögen.

Waaren=Beibuch (5)

eingetragen. Wir vergegenwärtigen uns das Waaren=Beibuch des Genossen

E. Mix. Seite 1.

Datum		Maaß	Gegenstand	Betrag M	Betrag ₰	Zeichnung des Lagerhalters
1895						
Nov.	30	25,--	Kammgarn Nr. 1 à 11,50 Mk.	287	50	Noack
„	30	1,09	Cheviot „ 2 à 11,50 „	12	50	Noack
			Sa. November	300	—	

nach welchem die übrigen Beibücher einzurichten sind. Es ist genau darauf zu achten, daß Waaren nur unter gleichzeitiger Präsentation des Waaren=Beibuches abgegeben werden dürfen, daß ferner stets, wenn Beauftragte in Frage kommen, welche die von Genossen bestellten oder ausgesuchten Waaren regelmäßig vom Lager abholen, sowohl der Beginn wie die Endigung eines solchen Auftrag=Verhältnisses von den betreffenden Genossen dem Vorstand bezw. Lagerhalter kundzugeben ist.

Jeder Genosse erhält zwei Exemplare des beschriebenen Waaren=Beibuches, wovon im Laufe eines Monats auch nur das eine Exemplar in Benutzung ist. Ende des Monats wird dieses eine Exemplar zwecks Zusammenstellung des Monats=Ergebnisses an der Geschäftsstelle zurückgelassen, während das andere Exemplar im folgenden Monat zur Benutzung kommt. Am Schlusse dieses folgenden Monats wird der Umtausch mit dem erstbenutzten Exemplar bewirkt und so wird wechselweise fortgefahren, sodaß ein jedes Waaren=Beibuch (5) die Waaren=Entnahme von sechs Monaten des Geschäftsjahres enthält.

Die Endsumme der monatlichen Waaren=Entnahme wird sodann in einem

Monats=Beibuch des Genossen (6)

vorgemerkt, in welchem andererseits auch die bewirkten Zahlungen quittirt werden. Dasselbe gestaltet sich für den Genossen Mix wie folgt:

Seite 1.

Soll. E. Mix. Haben.

Datum		Gegenstand	Betrag M	Betrag ₰	Datum		Gegenstand und Quittung	Betrag M	Betrag ₰
1895					1895				
Nov.	30	Waaren im November laut Beibuch	300	—	Dec.	31	Zahlung Horn Klett.	100	—
					„	31	Saldo	200	—
			300	—				300	—
1896									
Jan.	1	Saldo=Vortrag	200	—					

Dieses Monatsbeibuch (6) ist mit dem Waaren-Beibuch (5) am Schlusse jeden Monats an Geschäftsstelle einzureichen. Nachdem die Summirung des letzteren und der Eintrag der ermittelten Monats-Endziffer in das Monatsbuch (6) vom Vorstand bewirkt ist, erhält der Genosse beide Beibücher zurück und innerhalb einer, ein für allemal festgesetzten Frist, hat der Genosse etwaige Reclamationen beim Vorstand anzubringen.

Die Monatsbeibücher der übrigen Genossen sind dementsprechend einzurichten.

Zur Controle und zur Bearbeitung für die Geschäftsbücher der Genossenschaft hat der Vorstand über die Waaren-Entnahme à Conto ein

Sammelbuch zur Waaren-Entnahme (7)

anzulegen und jedem Genossen, der Waare à Conto entnommen, ein Special-Conto darin einzurichten, welches auf Grund des Verkaufsbuches (4) die nöthigen Einträge erhält. Das erste Conto würde nach den gedachten Geschäftsvorfällen erhalten der Genosse

E. Mix. Seite 1.

Datum		Maaß	Stück-№	Gegenstand	Uebertragen von:	Uebertragen nach:	Betrag ℳ	Betrag ₰
1895					Verk.-B.			
Nov.	30	25,—	1	Kammgarn à 11,50 Mk.	1		287	50
„	30	1,09	2	Cheviot à 11,50 Mk.	1		12	50
						Mem.		
						1	300	—

Er hat nach dem Verkaufsbuch (4) zwei Posten im November entnommen. Diese machen zusammen 300 Mk. aus, welche Summe mit dem Waaren-Beibuch (5) des Genossen übereinstimmt und nach dem Memorial übertragen wird. So erhalten die Genossen Gut und Menz ebenfalls auf besonderen Seiten ihre Conten und in jedem Monat wird in gleicher Weise verfahren.

Haben wir uns bisher mit den sogenannten Nebenbüchern beschäftigt, gelangen wir jetzt zur Besprechung über die Einrichtungen der hauptsächlicheren oder der Hauptbücher der Genossenschaft nebst ihren Hilfsbüchern.

Alle Geschäftsvorfälle unterscheiden wir streng nach zwei Arten: solche baaren und nichtbaaren Charakters. Die baaren Bewegungen verzeichnen wir

a) im Cassabuch (8),

die nichtbaaren dagegen

b) im Memorial (9).

Die monatlichen Endziffern dieser beiden Bücher werden in

c) das Hauptbuch (10)

übertragen, sodaß dieses letztere den Extract des gesammten Haushalts der Genossenschaft darstellt und nichts enthalten darf, was nicht zuvor seine Grundbuchung im Memorial (9) oder im Cassabuch (8) erhalten hat.

Vergegenwärtigen wir uns zunächst das

Cassabuch (8)

mit den Cassabewegungen des Novembers:

 Einnahme November 1895.

Datum		Lfd. №	Gegenstand	Uebertragen	Haupt-Summe M ₰	Debitoren-Conto M ₰	Creditoren-Conto M ₰	Gesch.-Gut.-Conto M ₰	Unkündb. Cap.-Conto M ₰	Waaren-Conto M ₰	Gesch.-Unk.-Conto M ₰	Inventar-Conto M ₰	Ref.-F.-Conto M ₰	Verschiedene M ₰
1895 Nov.	1	1	E. Mix, hier Gesch.-Anth. voll .	Gesch.-Gut. 1	300 —			300 —						
	1	2	Derselbe, Unk. Cap.-Einlage . .	Unk. C.-C. 1	100 —				100 —					
	1	3	Franz Gut, hier Gesch. Anth. voll	Gesch.-Gut. 2	300 —			300 —						
	1	4	Derselbe, Unk. Cap.-Einlage . . .	Unk. C.-C. 2	100 —				100 —					
	1	5	P. Menz, hier Einzahlg. a. Gesch.-Gut.	Gesch.-Gut. 3	200 —			200 —						
	1	6	Derselbe, Unk. Cap.-Einlage . . .	Unk. C.-C. 3	50 —				50 —					
	30	7	Baarloosung an Waaren	./.	10 —					10 —				
					1060 — H. B. 1			800 — H. B. 2	250 — H. B. 3	10 — H. B. 4				

E. 1060,— Mk.
A. 410,— „
650,— Mk. Bestand

Ausgabe November 1895.

Datum		Lfd. №	Gegenstand	Uebertragen	Haupt-Summe M ₰	Debitoren-Conto M ₰	Creditoren-Conto M ₰	Gesch.-Gut.-Conto M ₰	Unkündb. Cap.-Conto M ₰	Waaren-Conto M ₰	Gesch.-Unk.-Conto M ₰	Inventar-Conto M ₰	Ref.-F.-Conto M ₰	Verschiedene M ₰
1895 Nov.	1	1	Tischler Mann f. 1 Pult, 6 Stühle	./.	100 —							100 —		
	15	2	Max Bruch, Sorau à Conto . .	Cred.-B. 1	300 —		300 —							
	15	3	A. Klix, hier kleine Contor-Bedürfnisse	./.	10 —						10			
					410 — H. B. 1		300 H. B. 5				10 — H. B. 6	100 — H. B. 7		

ferner mit den Cassabewegungen des Decembers:

2. **Einnahme December 1895.** 2.

Datum	Lfd. №	Gegenstand	Uebertragen	Haupt-Summe M ₰	Debitoren-Conto M ₰	Creditoren-Conto M ₰	Gesch.-Gut.-Conto M ₰	Unkündb. Cap.-Conto M ₰	Waaren-Conto M ₰	Gesch.-Unk.-Conto M ₰	Inventar-Conto M ₰	Ref.-F.-Conto M ₰	Verschiedene M ₰
1895													
Dec. 1		Cassa-Bestand	⁒	650 —									650 —
1	1	F. Mau, hier Eintrittsgeld . . .	⁒	3 —								3 —	
1	2	Derselbe, Gesch.-Gut. Nov. u. Dec.	Gesch.-Gut. / 4	2 —			2 —						
1	3	Derselbe, Unkündb. Cap.-Einz. .	Unk. C.-C. / 4	2 —				2 —					
14	4	Baarloosung auf Waaren	⁒	30 —					30 —				
31	5	E. Mix, hier à Conto	Deb.-C / 1	100 —	100 —								
31	6	F. Gut, hier à Conto	Deb.-C. / 2	100 —	100 —								
				887 —	200 —		2 —	2 —	30 —			3 —	650 —
		ab Bestand		650 —	H. B. 8		H. B. 2	H. B. 3	H. B 4			H. B. 9	÷
		E. 887 Mk.		237 —									
		A. 330 „		H. B. 1									
		31./12. 95 557 Mk. Bestand											

Ausgabe December 1895.

Datum	Lfd. №	Gegenstand	Uebertragen	Haupt-Summe M ₰	Debitoren-Conto M ₰	Creditoren-Conto M ₰	Gesch.-Gut.-Conto M ₰	Unkündb. Cap.-Conto M ₰	Waaren-Conto M ₰	Gesch.-Unk.-Conto M ₰	Inventar-Conto M ₰	Ref.-F.-Conto M ₰	Verschiedene M ₰
1895													
Dec. 1	1	E. Flau, Guben à Conto	Cred.-B. / 2	300 —		300 —							
29	2	Noack, Gehalt f. Nov. u. Dec. .	⁒	20 —						20 —			
30	3	Miethe Nov. u. Dec.	⁒	10 —						10 —			
				330 —		300 —				30 —			
				H. B. 1		H. B. 5				H. B. 6			

so finden wir, daß jeder Baarposten in der Rubrik „Haupt-Summe“ zuerst notirt wird, daß aber weiter der Betrag auch in einer der Nebenrubriken zur Einstellung gelangt. Die „Haupt-Summe“ stellt am Monatsschlusse den Betrag dar, welchen die Kasse erhalten (Einnahme) oder ausgegeben (Ausgabe) hat, wofür das Cassa-Conto im Hauptbuch (10) zu belasten bezw. zu creditiren ist. Hingegen zeigen die Nebenrubriken in ihren Endziffern die Beträge an, welche im umgekehrten Verhältniß zum Cassa-Conto den davon betroffenen Sach-Conten zu creditiren bezw. zu belasten sind.

Die unter diesen monatlichen Endziffern in wagrechter Linie ersichtlichen Uebertragsvermerke „H.-B. . . .“ beziehen sich auf das Folio des Hauptbuches (10) nach welchem die Endsumme übertragen wurde. Die in senkrechter Linie vor der Rubrik „Haupt-Summe“ ersichtlichen Uebertragsvermerke dagegen, bezeichnen die Hilfsbücher und deren Seiten, wo die einzelnen Posten für Gläubiger und Schuldner vorzufinden sind.

Das Cassabuch (8) kann auf der linken Seite die Einnahmen, auf der rechten Seite die Ausgaben umfassen, doch, wenn zu umfänglich, ist für Einnahme und Ausgabe je ein besonderes Buch zu führen. Darauf ist streng zu achten, daß das Cassabuch unmittelbar am Jahresschluß aufgerechnet und abgeschlossen, also nicht offengelassen wird. Etwaige Rückstände sind bücherlich stets durch das Memorial (9) für den Abschluß zu bearbeiten.

Alle übrigen nichtbaaren Geschäftsvorfälle, welche den Haushalt und das Rechnungswerk berühren, werden im:

Soll. **Memorial (9)**

Debitoren-Conto ℳ ₰	Creditoren-Conto ℳ ₰	Gesch.-Guth.-Conto ℳ ₰	Unkündb. Cap.-Conto ℳ ₰	Waaren-Conto ℳ ₰	Gesch.-Unkosten-Conto ℳ ₰	Inventar-Conto ℳ ₰	Res.-F.-Conto ℳ ₰	Gew.- u. Verlust-Conto ℳ ₰	Bilanz-Conto ℳ ₰	Verschiedene ℳ ₰	Uebertragen von:	Datum	Gegen-
				500 —							Fact.-B. 1	10	Max Bruch, Sorau,
				450 —							2	20	Ernst Flau, Guben,
300 —											Samm.-B 1	30	Ernst Mix, hier, Waaren-
200 —											2	30	Franz Gut, hier, „
500 —				950 —									
H.B.8				H.B.4									
													December
150 —											Samm.-B. 3	31	Paul Menz, hier, Waaren-
150 —													
H.B.8													
													Abschluß-
				90 10								31	Uebertrag d. Gewinnes v. Waaren-
								40 —					„ d. Verlustes v. Gesch.-Unk.-
				90 10				40 —					
				H.B.4				H.B.10					
												31	Wir nehmen in das Bilanz-Conto
									1457 10				Vermögens-
													Cassa-
													Waaren-
													Inventar-
													Debitoren-
												31	Wir nehmen die Saldo's der
													in das Bilanz-
		802 —											Geschäfts-Gut-
			252 —										Unkündb. Ca-
	350 —												Creditoren-
							3 —						Reserve-Fonds-
								50 10					Gewinn- und
	350 —	802 —	252 —				3 —	50 10	1457 10				
	H.B.5	H.B.2	H.B.3				H.B.9	H.B.10	H.B.11				

November 1895. **Haben.**

stand.	Uebertragen nach:	Debitoren-Conto ℳ ₰	Creditoren-Conto ℳ ₰	Gesch.-Guthaben-Conto ℳ ₰	Unkündb. Cap.-Conto ℳ ₰	Waaren-Conto ℳ ₰	Gesch.-Unkosten-Conto ℳ ₰	Inventar-Conto ℳ ₰	Res.-F.-Conto ℳ ₰	Gew.- u. Verlust-Conto ℳ ₰	Bilanz-Conto ℳ ₰	Verschiedene ℳ ₰
gelieferte Waaren	Cred.-B. 1		500									
" "	2		450									
Entnahme November	Deb.-B. 1					300						
" "	2					200						
Balance: 1450,— Mk.			950 —			500 —						
Cassa E. 1060,— "												
" A. 410,— "												
Novbr.: 2920,— Mk. Umsatz.			H.B.5			H.B.4						
1895.												
Entnahme December	Deb.-B. 3					150 —						
Balance: 150,— Mk.						150 —						
Cassa E. 237,— "												
" A. 330,— "												
Decbr.: 717,— Mk. Umsatz.						H.B.4						
Buchungen 1895.												
Conto auf Gew.- u. Verl.-Conto.										90 10		
" " " " " "							40 —					
Balance: 130,10 Mk.							40 —			90 10		
							H.B.6			H.B.10		
die Saldo's der nachstehenden												
Conten auf:												
Conto												557 —
Conto						350 10						
Conto								100 —				
Conto		450 —										
nachstehenden Schulden-Conten												
Conto auf:											1457 10	
haben-Conto												
pital-Conto												
Conto												
Conto												
Verlust-Conto												
Balance: 2914,20 Mk.		450 —				350 10		100 —			1457 10	557 —
		H.B.8				H.B.4		H.B.7			H.B.11	H.B.1

Soll. **Memorial (9)**

Debitoren-Conto M ₰	Creditoren-Conto M ₰	Gesch.-Guth.-Conto M ₰	Unkündb. Cap.-Conto M ₰	Waaren-Conto M ₰	Gesch.-Unk.-Conto M ₰	Inventar-Conto M ₰	Res.-F.-Conto M ₰	Gew.- u. Verlust-Conto M ₰	Bilanz-Conto M ₰	Verschiedene M ₰	Uebertragen von:	Datum	Gegen-
												1	**Eröffnungs-**
													Wir eröffnen die nachstehenden des Bilanz-Contos:
										557 —			Cassa-
				350 10									Waaren-
						100 —							Inventar-
450 —													Debitoren-
									1457 10			1	Zu gleichem Zweck belasten wir nachstehenden Schulden-Conten:
													Geschäftsgut-
													Unkündbare
													Creditoren-
													Reservefonds-
													Dasselbe, Gutschrift des Gewinnes
450 —				350 10		100 —			1457 10	557 —			
H.B.8				H.B.4		H.B.7			H.B.11	H.B.1			

aufgenommen. Auf der linken (Soll-) Seite werden die Beträge eingestellt, für welche die betreffenden Conten zu belasten sind und auf der rechten (Haben-) Seite findet dasselbe statt für diejenigen Conten, welchen die Linksbuchungen zu Gute kommen sollen. Stets müssen Links- und Rechtsbuchungen balanciren.

Aus den Abschlußbuchungen für 1895 und Eröffnungsbuchungen für 1896 wird alles auf den Abschluß Bezughabende ersichtlich. Die Uebertrags-Arbeiten nach dem Hauptbuch (14) und den Specialconten (10, 11, 12, 13) vollziehen sich in gleicher Art wie im Cassabuch (8).

Nach den Geschäftsvorfällen im Cassabuch (8) und Memorial (9) entstehen nun folgende Hilfsbücher mit den darunter ersichtlichen Specialconten:

Geschäftsguthaben-Buch (10).

1. Soll. E. Mix. Haben. 1.

Datum	Gegenstand	Uebertrag	Betrag M	₰	Datum	Gegenstand	Uebertrag	Betrag M	₰
					1895 Nov. 1	Per Vollzahlung	C.-B. 1	300	—

Januar 1896.

stand.	Uebertragen nach:	Debitoren-Conto M. Pf.	Creditoren-Conto M. Pf.	Gesch.-Guth.-Conto M. Pf.	Unkündb. Cap.-Conto M. Pf.	Waaren-Conto M. Pf.	Gesch.-Unk.-Conto M. Pf.	Inventar-Conto M. Pf.	Res.-F.-Conto M. Pf.	Gew.- u. Verlust-Conto M. Pf.	Bilanz-Conto M. Pf.	Verschiedene M. Pf.
Buchungen.												
Vermögens-Conten zu Gunsten												
											1457 10	
Conto												
Conto												
Conto												
Conto												
das Bilanz-Conto wegen der												
haben-Conto				802 —								
Capital-Conto					252 —							
Conto			350 —									
Conto									3 —			
laut Generalverf.-Beschluß									50 10			
Balance 2914,20 Mk.			350 —	802 —	252 —				53 10		1457 10	
			H.B.5	H.B.2	H.B.3				H.B.9		H.B.11	

In gleicher Weise wird den Genossen Gut, Menz und Mau je ein Conto, allemal auf besonderer Seite eingerichtet.

Buch für unkündbare Capitalien (11).

1. Soll. — E. Mix. — Haben. 1.

Datum	Gegenstand	Uebertrag	Betrag M.	Pf.	Datum	Gegenstand	Uebertrag	Betrag M.	Pf.
					1895 Nov. 1	Per Einzahlung	C.-B. 1	100	—

Ebenso wird hier den Genossen Gut, Menz und Mau je ein Conto, wie vorhin erwähnt, errichtet.

Wir kommen jetzt zum

Debitoren-Buch (12)

in welchem jeder Genosse, welcher Waare entnommen hat, ein Specialconto erhält, auf welchem auch die bewirkten Zahlungen vorgemerkt werden.

1. Soll. E. Mix. Haben. 1.

Datum		Gegenstand	Uebertrag	Betrag M	₰	Datum		Gegenstand	Uebertrag	Betrag M	₰
1895						1895					
Nov.	30	An Waaren . . .	Samm.-B. 1	300	—	Dec.	31	Per Zahlung . .	C.-B. 1	100	—
						„	31	„ Saldo . . .		200	—
				300	—					300	—
1896											
Jan.	1	An Saldo-Vortrag		200	—						

In gleicher Weise sind die Conten für Gut und Menz einzurichten. Das jetzt folgende

Creditoren-Buch (13)

enthält die Specialconten der Lieferanten.

1. Soll. Max Bruch, Sorau. Haben. 1.

Datum		Gegenstand	Uebertrag	Betrag M	₰	Datum		Gegenstand	Uebertrag	Betrag M	₰
1895						1895					
Nov.	15	An Casse	C.-B. 1	300	—	Nov.	10	Per Waaren . .	Mem. 1	500	—
Dec.	31	„ Saldo		200	—						
				500	—					500	—
						1895					
						Jan.	1	Per Saldo-Vortrag		200	—

Auf Seite 2 des vorstehend erwähnten Creditoren-Buches (13) würde sodann das Conto für Flau in Guben in der gleichen Verfassung folgen.

Diese erörterten Hilfsbücher Nr. 10, 11, 12 und 13 erhalten ihren Inhalt entweder durch das Cassabuch (8) oder durch das Memorial (9), indem die dort befindlichen **Einzelposten** übertragen und die Uebertragsvermerke in den senkrecht dafür vorhandenen Rubriken beigefügt werden.

Dagegen werden, wie schon erwähnt, die **monatlichen Endziffern** des Cassabuchs (8) und Memorials (9) nach dem

Hauptbuch (14)

in folgender Weise übertragen, indem jeder Sache auf besonderem Blatt ein Conto eröffnet wird. (Raumersparnißhalber erfolgt die Darstellung der Conten hier kurz **untereinander**.)

1\. Soll. **Cassa-Conto.** Haben. 1.

Datum		Gegenstand	Uebertrag	Betrag M	₰	Datum		Gegenstand	Uebertrag	Betrag M	₰
1895						1895					
Nov.	30	An Diverse . . .	C.-B. 1	1060	—	Nov.	30	Per Diverse . .	C.-B. 1	410	—
Dec.	31	„ „ . . .	2	237	—	Dec.	31	„ „ . .	2	330	—
						„	31	„ Bilanz-Conto	Mem. 1	557	—
				1297	—					1297	—
1896											
Jan.	1	An Bilanz-Conto	Mem. 2	557	—						

2\. Soll. **Geschäfts-Guthaben-Conto.** Haben. 2.

Datum		Gegenstand	Uebertrag	Betrag M	₰	Datum		Gegenstand	Uebertrag	Betrag M	₰
1895						1895					
Dec.	31	An Bilanz-Conto	Mem. 1	802	—	Nov.	30	Per Cassa-Conto	C.-B. 1	800	—
						Dec.	31	„ „ „	2	2	—
				802	—					802	—
						1896					
						Jan.	1	Per Bilanz-Conto	Mem. 2	802	—

3\. Soll. **Unkündb. Capitalien-Conto.** Haben. 3.

Datum		Gegenstand	Uebertrag	Betrag M	₰	Datum		Gegenstand	Uebertrag	Betrag M	₰
1895						1895					
Dec.	31	An Bilanz-Conto	Mem. 1	252	—	Nov.	30	Per Cassa-Conto	C.-B. 1	250	—
						Dec.	31	„ „ „	2	2	—
				252	—					252	—
						1896					
						Jan.	1	Per Bilanz-Conto	Mem. 2	252	—

4\. Soll. **Waaren-Conto.** Haben. 4.

Datum		Gegenstand	Uebertrag	Betrag M	₰	Datum		Gegenstand	Uebertrag	Betrag M	₰
1895						1895					
Nov.	30	An Diverse . . .	Mem. 1	950	—	Nov.	30	Per Cassa-Conto	C.-B. 1	10	—
Dec.	31	„ Gewinn- und				„	30	„ Diverse	Mem. 1	500	—
		Verlust-Conto	1	90	10	Dec.	31	„ Cassa-Conto	C.-B. 1	30	—
						„	31	„ Diverse	Mem. 2	150	—
						„	31	„ Bilanz-Conto	1	350	10
				1040	10					1040	10
1896											
Jan.	1	An Bilanz-Conto	Mem. 2	350	10						

5. Soll. **Creditoren-Conto.** Haben. 5.

Datum		Gegenstand	Uebertrag	Betrag M	₰	Datum		Gegenstand	Uebertrag	Betrag M	₰
1895						1895					
Nov.	30	An Cassa-Conto	C.-B. / 1	300	—	Nov.	30	Per Diverse	Mem. / 1	950	—
Dec.	31	„ do.	2	300	—						
	31	„ Bilanz-Conto	Mem. / 1	350	—						
					—					950	—
						1896					
						Jan.	1	Per Bilanz-Conto	Mem. / 2	350	—

6. Soll. **Geschäftsunkosten-Conto.** Haben. 6.

Datum		Gegenstand	Uebertrag	Betrag M	₰	Datum		Gegenstand	Uebertrag	Betrag M	₰
1895						1895					
Nov.	30	An Cassa-Conto	C.-B. / 1	10	—	Dec.	31	Per Gew.- u. Verlust-Conto	Mem. / 1	40	—
Dec.	31	„ do.	2	30	—						
				40	—					40	—

7. Soll. **Inventar-Conto.** Haben. 7.

Datum		Gegenstand	Uebertrag	Betrag M	₰	Datum		Gegenstand	Uebertrag	Betrag M	₰
1895						1895					
Nov.	30	An Cassa-Conto	C.-B. / 1	100	—	Dec.	31	Per Bilanz-Conto	Mem. / 1	100	—
				100	—					100	—
1896											
Jan.	1	An Bilanz-Conto	Mem. / 2	100	—						

8. Soll. **Debitoren-Conto.** Haben. 8.

Datum		Gegenstand	Uebertrag	Betrag M	₰	Datum		Gegenstand	Uebertrag	Betrag M	₰
1895						1895					
Nov.	30	An Diverse	Mem. / 1	500	—	Dec.	31	Per Cassa-Conto	C.-B. / 2	200	—
Dec.	31	„ do.	1	150	—	„	31	Per Bilanz-Conto	Mem. / 1	450	—
				650	—					650	—
1896											
Jan.	1	An Bilanz-Conto	Mem. / 2	450	—						

9. Soll. **Reservefonds-Conto.** Haben. 9.

Datum		Gegenstand	Uebertrag	Betrag M	Betrag Pf	Datum		Gegenstand	Uebertrag	Betrag M	Betrag Pf
1895						1895					
Dec.	31	An Bilanz-Conto	Mem. 1	3	—	Dec.	31	Per Cassa-Conto	C.-B. 2	3	—
				3	—					3	—
						1896					
						Jan.	1	Per Bilanz-Conto	Mem. 2	53	10

10. Soll. **Gewinn- u. Verlust-Conto.** Haben. 10.

Datum		Gegenstand	Uebertrag	Betrag M	Betrag Pf	Datum		Gegenstand	Uebertrag	Betrag M	Betrag Pf
1895						1895					
Dec.	31	An Gesch.-Unkosten-Conto	Mem. 1	40	—	Dec.	31	Per Waaren-Conto	Mem. 1	90	10
	31	An Bilanz-Conto	1	50	10						
				90	10					90	10

11. Soll. **Bilanz-Conto.** Haben. 11.

Datum		Gegenstand	Uebertrag	Betrag M	Betrag Pf	Datum		Gegenstand	Uebertrag	Betrag M	Betrag Pf
1895						1895					
Dec.	31	An Diverse	Mem. 1	1457	10	Dec.	31	Per Diverse	Mem. 1	1457	10
1896						1896					
Jan.	1	An Diverse	Mem. 2	1457	10	Jan.	1	Per Diverse	Mem. 2	1457	10

Das Hauptbuch (14) liefert den Nachweis über die gesammte Vermögenslage. Bei der Wichtigkeit dieses Buches verschaffen wir uns in **jedem Monat** nach Beendigung der sämmtlichen Uebertragsarbeiten durch die Aufstellung einer Rohbilanz im

Bilanz-Buch (15)

die Gewißheit, daß wir fehlerfrei gearbeitet haben und zwar nehmen wir nicht nur die Saldo's der Sachconten auf, sondern auch die reinen Umsatzziffern des Monats, um in dieser Gegenüberstellung ein erschöpfendes Bild über den **Geschäftsumfang** und den **Vermögensstand** der Genossenschaft wie folgt zu erhalten:

Rohbilanz für November 1895.

Haupt-Buch	Bezeichnung der Conten	Umsatz Soll ℳ	₰	Umsatz Haben ℳ	₰	Saldo Soll ℳ	₰	Saldo Haben ℳ	₰
1	Cassa=Conto	1060	—	410	—	650	—		
2	Geschäftsguthaben=Conto			800	—			800	—
3	Unkündb. Capitalien=Conto			250	—			250	—
4	Waaren=Conto	950	—	510	—	440	—		
5	Creditoren=Conto	300		950	—			650	—
6	Geschäftsunkosten=Conto	10	—			10	—		
7	Inventar=Conto	100	—			100	—		
8	Debitoren=Conto	500	—			500	—		
		2920	—	2920	—	1700	—	1700	—

Rohbilanz für December 1895.

Haupt-Buch	Bezeichnung der Conten	Umsatz Soll ℳ	₰	Umsatz Haben ℳ	₰	Saldo Soll ℳ	₰	Saldo Haben ℳ	₰
1	Cassa=Conto	237	—	300	—	557	—		
2	Geschäftsguthaben=Conto			2	—			802	—
3	Unkündb. Capitalien=Conto			2	—			252	—
4	Waaren=Conto			180	—	260	—		
5	Creditoren=Conto	300	—					350	—
6	Geschäftsunkosten=Conto	30	—			40	—		
7	Inventar=Conto					100	—		
8	Debitoren=Conto	150	—	200	—	450	—		
9	Reservefonds=Conto			3	—			3	—
		717	—	717	—	1407	—	1407	—

Schlußbilanz am 31. December 1895.

Haupt-Buch	Bezeichnung der Conten	Umsatz Soll ℳ	₰	Umsatz Haben ℳ	₰	Saldo Soll ℳ	₰	Saldo Haben ℳ	₰
1	Cassa=Conto	1297	—	740	—	557	—		
2	Geschäftsguthaben=Conto			802	—			802	—
3	Unkündb. Capitalien=Conto			252	—			252	—
4	Waaren=Conto	950	—	690	—	350	10		
5	Creditoren=Conto	600	—	950	—			350	—
6	Geschäftsunkosten=Conto	40	—						
7	Inventar=Conto	100	—			100	—		
8	Debitoren=Conto	650	—	200	—	450	—		
9	Reservefonds=Conto			3	—			3	—
10	Gewinn= und Verlust=Conto							50	10
		3637	—	3637	-	1457	10	1457	10

Eröffnungsbilanz am 1. Januar 1896.

Haupt-Buch	Bezeichnung der Conten	Umsatz Soll ℳ	₰	Umsatz Haben ℳ	₰	Saldo Soll ℳ	₰	Saldo Haben ℳ	₰
1	Cassa=Conto					557	—		
2	Geschäftsguthaben=Conto							802	—
3	Unkündb. Capitalien=Conto							252	—
4	Waaren=Conto					350	10		
5	Creditoren=Conto							350	—
7	Inventar=Conto					100	—		
8	Debitoren=Conto					450	—		
9	Reservefonds=Conto							53	10
						1457	10	1457	10

X., den ....

(Firma u. Unterschriften.)

Hieraus wird ersichtlich, daß thatsächlich fehlerfrei gearbeitet worden ist, denn die Balance ist vorhanden in allen Theilen. **Immerhin wäre es möglich**, daß ein Einzel-Posten im Cassabuch (8) oder Memorial (9) in eine falsche Rubrik Einstellung gefunden hätte. Der Auszug aus den Special-Conten indeß, von dem später die Rede ist, würde diesen Irrthum zu Tage fördern. In solchen Fällen ist noch **vor** der Bilanzziehung die entsprechende Memorialbuchung vorzunehmen, um durch deren Uebertrag in das Hauptbuch (14) das Verhältniß wieder richtig zu stellen.

Der **Jahresschluß** legt dem Vorstand und Aufsichtsrath die Verpflichtung auf, zunächst die Vermögensbestände, welche in natura vorhanden sind, am letzten Tage des Geschäftsjahres zu **inventarisiren** oder festzustellen. Ueber diese Arbeit ist eine

Niederschrift (16)

etwa des nachstehenden Inhalts erforderlich:

Inventur-Protokoll.

X., den 31. Decbr. 1895.

Die unterzeichneten Mitglieder des Aufsichtsrathes der (Firma) versammelten sich heute Nachmittag 6 Uhr im Geschäftslocal der Genossenschaft, um statutengemäß die Aufnahme der Waaren- und sonstigen Vermögensbestände vorzunehmen.

Der Vorstand wurde vollzählig angetroffen, auch der Lagerhalter war anwesend.

Nach der Anlage „A" fanden sich vor:

I. an Waarenvorräthen 2 Stück Stoffe mit zus. 37,20 Mtr.;
II. „ Inventar 1 Schreibpult, 6 Stühle;
III. „ baarer Casse 557 Mk.

Die Waaren wurden vom Lagerhalter vorgemessen und der Cassenvorrath vom Cassirer aufgezählt.

Vorgelesen, genehmigt und unterschrieben.

Der Aufsichtsrath der (Firma).
(Unterschriften.)

Anlage A.

Inventur-Specialaufnahme am 31. Decbr. 1895.

I. Waaren.

Stck. No. 3 schwarz Extra-Tuch 13,20 Mtr.
Einkaufspreis 9,25 Mk. = 122,10 Mk.
„ „ 4 Winter-Diagonal 24 Mtr.
Einkaufspreis 9,50 „ = 228,— „
Sa. I 350,10 Mk.

II. Inventar.

1 Schreibpult	40,— Mk.
6 Stühle	60,— „
Sa. II	100,— Mk.

III. Baarbestand.

an Papiergeld	400,— Mk.
„ Gold	120,— „
„ Silber	35,— „
„ Scheidemünze	2,— „
Sa. III	557,— Mk.

Die vorstehenden Bestände wurden heute nach den Bestimmungen des Handelsgesetzbuches und des Statuts der Genossenschaft auf ihr Vorhandensein festgestellt.

X., den ...

Der Vorstand der (Firma).
(Unterschriften.)

Die vorstehend unter I, II und III speciell verzeichneten Waaren, Inventar-Gegenstände und Geldsorten wurden heute vom Vorstand nachgewiesen.

X., den

Der Aufsichtsrath der (Firma).
(Unterschriften.)

Nunmehr werden im Laufe des Januar die Abschlußarbeiten vom Vorstand in Angriff genommen.

In erster Linie, nachdem die Conten der Hilfs- und Nebenbücher abgeschlossen sind, wird ein Auszug der Saldo's folgender Hilfs- und Nebenbücher angefertigt:

Geschäftsguthaben-Buch (10),
Unkündb. Capitalien-Cto. (11),
Debitoren-Buch (12),
Creditoren-Buch (13),
Lager-Buch (2).

Z. B. würde dieser Auszug über das Geschäftsguthabenbuch (10) das folgende Aussehen haben:

1. Ernst Mix	300,— Mk.
2. Franz Gut	300,— „
3. Paul Menz	200,— „
4. F. Mau	2,— „
Sa.	802,— Mk.

In gleicher Art wird mit den übrigen erwähnten Büchern verfahren. Ist fehlerfrei gearbeitet worden, dann decken sich diese Ermittelungen — wie ein Vergleich hier mit dem vorgeführten Beispiel ergiebt — mit dem Hauptbuch (14) und, soweit Naturalbestände in Betracht kommen, mit der Inventur vom 31. Dezember.

Das Inventur-Protokoll nebst Anlage „A" einerseits und die letztbesprochenen Buchauszüge der Specialconten andererseits, bilden als die sogenannten Soll- und Ist-Nachweise die nothwendigen Unterlagen zur Jahresrechnung und müssen nach gesetzlicher Vorschrift mit der Bilanz vom Vorstand unterzeichnet und im Zusammenhang aufbewahrt werden, wenn für diese Arbeiten nicht gleich ein besonderes Buch benutzt werden sollte.

Auf Grund des Hauptbuches (14) ergiebt sich nun für die Jahresrechnung die folgende ziffernmäßige Darstellung:

Geschäftsübersicht für 1895.

Bezeichnung der Conten	Soll M	Soll ₰	Haben M	Haben ₰
Cassa-Conto	1297	—	740	—
Geschäftsguthaben-Conto	—	—	802	—
Unkündbare Capitalien-Conto	—	—	252	—
Waaren-Conto	950	—	690	—
Creditoren-Conto	600	—	950	—
Geschäftsunkosten-Conto	40	—	—	—
Inventar-Conto	100	—	—	—
Debitoren-Conto	650	—	200	—
Reservefonds-Conto	—	—	3	—
	3637	—	3637	—

Schlußbilanz am 31. December 1895.

Bezeichnung der Conten	Vermögen M	Vermögen ₰	Schulden M	Schulden ₰
Cassa-Conto	557	—	—	—
Geschäftsguthaben-Conto	—	—	802	—
Unkündbare Capitalien-Conto	—	—	252	—
Waaren-Conto	850	10	—	—
Creditoren-Conto	—	—	850	—
Inventar-Conto	100	—	—	—
Debitoren-Conto	450	—	—	—
Reservefonds-Conto	—	—	3	—
Gewinn- und Verlust-Conto	—	—	50	10
	1457	10	1457	10

Gewinn- und Verlust-Conto.

Bezeichnung der Conten	Verlust M	Verlust ₰	Gewinn M	Gewinn ₰
Geschäftsunkosten-Conto	40	—	—	—
Waaren-Conto	—	—	90	10
Bilanz-Conto, Reingewinn	50	10	—	—
	90	10	90	10

wozu im Memorial (9) in den **Abschlußbuchungen** die Grundlage geschaffen und darnach jedes Conto des Hauptbuches (14) abgeschlossen wird. Die Probe auf die Richtigkeit dieser Darstellung enthält das Bilanzbuch (15).

Im unmittelbaren Anschluß hieran ist im Geschäftsbericht gleichzeitig die Eröffnungsbilanz zu veröffentlichen, welche sich ergeben wird, nachdem der Gewinnvertheilungs-Vorschlag der Körperschaften Genehmigung durch die Generalversammlung gefunden hat.

Eröffnungsbilanz am 1. Januar 1896.

Bezeichnung der Conten	Vermögen		Schulden	
	M	₰	M	₰
Cassa-Conto	557	—		
Geschäftsguthaben-Conto			802	—
Unkündb. Capitalien-Conto			252	—
Waaren-Conto	350	10		
Creditoren-Conto			350	—
Inventar-Conto	100	—		
Debitoren-Conto	450	—		
Reservefonds-Conto			53	10
	1457	10	1457	10

Der Aufsichtsrath hat den fertiggestellten Abschluß zu prüfen und darüber der Generalversammlung zu berichten.

Nach der Generalversammlung erfolgt die Wiedereröffnung der Sachconten im Hauptbuch (14) für das neue Geschäftsjahr, wobei der Reingewinn von 50,10 Mk., gemäß Generalversammlungsbeschluß, dem Reservefonds einverleibt wird. Die **Eröffnungsbuchungen** im Memorial (9) schaffen dafür die nöthigen Grundbuchungen und die im Geschäftsbericht gedachte Eröffnungsbilanz wird nunmehr verwirklicht.

Die Geschäftsvorfälle des neubegonnenen Jahres reihen sich, wie für 1895 veranschaulicht, im Buchwerk aufs Neue an.

IV.

Grundsätze.

Wir sind am Schlusse.

Betrachten wir die vorstehenden Ausführungen mit den darin niedergelegten Erfahrungen, so geht, kurz zusammengefaßt, für die Rohstoffgenossenschaften das Folgende hervor:

A. Im Allgemeinen.

1. Mit der Errichtung von Rohstoffgenossenschaften betreten die Handwerker den zunächstliegenden Weg, um ihre Concurrenzfähigkeit zu erhalten und zu erhöhen. Selbstverwaltung und Selbstverantwortung bilden das Lebenselement für die freie genossenschaftliche Thätigkeit.

2. Es entspricht genossenschaftlichen Grundsätzen, den Geschäftsbetrieb lediglich auf den Kreis der Genossen zu beschränken. Durch die Waaren-Abgabe an Nichtmitglieder entfernt sich die Genossenschaft von dem ursprünglich gesteckten Ziel.

3. Im Anfang der genossenschaftlichen Thätigkeit Mäßigung zu bewahren, also klein zu beginnen und mit den gegebenen Verhältnissen zu rechnen, ist ein Gebot geschäftlicher Vorsicht.

4. In wenigbemittelten Kreisen wird es immer zweckmäßig sein, der eigentlichen Gründung der Genossenschaft eine kleine Sparperiode vorausgehen zu lassen, damit jeder Genosse in den Stand gesetzt wird, bei Eröffnung der Geschäftsthätigkeit den Fonds der eigenen Mittel — und sei es auch nur im geringen Maße — mit verstärken zu helfen.

5. Es empfiehlt sich in allen Fällen, die Mitglieder außer zur Bildung des Geschäftsantheils zur Ansammlung eines unkündbaren Kapitals (vergl. oben S. 15) anzuhalten. Dieses unkündbare Kapital verstärkt die Betriebsmittel der Genossenschaft und bietet Maßstab und Sicherheit für einen den Mitgliedern zu gewährenden Waarenkredit.

6. Das Genossenschaftsgesetz ermöglicht die Errichtung der Genossenschaft auf der Grundlage sowohl der unbeschränkten, wie der beschränkten Haftpflicht. Letztere reicht überall aus, wo die Genossenschaft als solche nur einen geringen Credit in Anspruch nimmt, oder bei größerem Credit ihren Gläubigern genügende Sicherheit zu bieten im Stande ist.

7. Die Gründer der Genossenschaft vom Eintrittsgeld zu befreien, ist eines jener kleinen Mittel, welches regelmäßig Veranlassung giebt, die Berufsgenossen am Platze bei der Begründung in größerer Zahl zusammenzuführen.

B. Im Besonderen.

1. Beauftragte, welche ein für allemal ermächtigt sein sollen, Waaren abzuholen, sind bei Beginn der geschäftlichen Beziehungen von den betr. Genossen dem Vorstand und Lagerhalter gegenüber zu legitimiren. Das Ende des Auftrag-Verhältnisses ist anzuzeigen.

2. Im Falle der Credit-Ertheilung an Vorstands- und Aufsichtsrathsmitglieder ist es nothwendig, die alljährliche Wahl einer — etwa dreigliedrigen — Einschätzungs-Commission statutarisch vorzusehen, welche diese Creditgrenzen festzusetzen hat und deren Mitglieder den beiden Körperschaften des Vorstandes und Aufsichtsrathes nicht angehören dürfen.

3. Specielle Geschäftsanweisungen für Vorstand, Aufsichtsrath, Lagerhalter und Waaren-Commission aufzustellen, liegt sowohl im Interesse der davon betroffenen Genossen, als im Interesse der Genossenschaft.

4. Die allmonatliche Durchsicht der gewährten Waaren-Credite und Vergleichung derselben mit den eingeschätzten Creditziffern Seitens des Aufsichtsrathes ist nothwendig.

5. Der Lagerhalter hat als Beamter der Genossenschaft das Lager zu verwalten und ist vom Vorstand anzustellen.

6. Ueberall dort, wo die Forderung, daß der Lagerhalter kein eigenes Geschäft unterhalten dürfe, nicht durchzuführen ist, ist streng darauf zu halten, daß das Privatgeschäft örtlich vom Geschäft der Genossenschaft vollständig getrennt verwaltet und in keinerlei Zusammenhang mit dem Geschäft der Genossenschaft gebracht wird. Die Führung von Concurrenz-Geschäften darf den Lagerhaltern nicht gestattet sein.

7. Es empfiehlt sich, die Entschädigung des Lagerhalters in der Hauptsache nach festem Satze mit einem mäßigen Antheil vom Reingewinn zu bestimmen. Ist dies im Anfang der genossenschaftlichen Thätigkeit nicht zu erreichen, dann ist vorläufig die Entschädigung lediglich nach dem Verkaufs-Erlös zu bemessen.

8. Dem Lagerhalter ist nur die Führung des Lagercontrolbuchs und des Verkaufsbuchs zu übertragen. In den Waaren-Beibüchern der Genossen sind von demselben nur die Waaren-Entnahmen einzutragen. Der Abschluß dieser Beibücher ist nebst der Bearbeitung der übrigen Geschäftsbücher durch den Vorstand oder durch von diesem Beauftragte wahrzunehmen.

9. Es ist stets darauf Rücksicht zu nehmen, daß die Tage und Geschäftsstunden für den Waaren-Verkauf nach dem jeweiligen Umfang der Geschäfte, also nach dem vorhandenen Bedürfniß festgesetzt werden.

10. Es ist dringend zu empfehlen, eine Waaren-Commission, bestehend aus dem Vorstand, einigen Mitgliedern des Aufsichtsraths und einigen Mitgliedern aus der Reihe der übrigen Genossen statutarisch vorzusehen, welche über die Bestellungen der Waaren, Festsetzung der Verkaufspreise und Aehnliches zu befinden hat. Es ist darauf bedacht zu nehmen, daß von Zeit zu Zeit ein Wechsel in der Zusammensetzung der Commission stattfindet.

11. Bei Benöthigung von Baarmitteln ist es empfehlenswerth, mit benachbarten Vorschuß- und Creditgenossenschaften, als den natürlichen Bundesgenossen der Rohstoffgenossenschaften zunächst in Verbindung zu treten.

12. Auch den einzelnen Berufsgenossen, welche aus ihrem Verhältniß zu Lieferanten den Grund herzuleiten haben, der Rohstoffgenossenschaft fernbleiben zu müssen, kann der nämliche Weg aufs Angelegentlichste empfohlen werden.

13. Die einzelnen Genossen, welche auf Waaren schulden (Debitoren), haben den am Jahresschlusse verbleibenden Saldo schriftlich anzuerkennen.

14. Bei Waaren-Entnahme gegen baar ist die Gewährung einer angemessenen Vergütung (Sconto) zu empfehlen, dafern eine Zinsberechnung auf creditirte Waaren (vergl. Abschnitt I Seite 16) Platz greift.

15. Dort, wo die Waaren-Entnahme auf Credit zugelassen wird, ist es im Interesse der gleichmäßigen Behandlung der Genossen erforderlich, auf die creditirten Waaren Zinsbelastung, auf die geleisteten Zahlungen Zinsvergütung, wie in Abschnitt I Seite 16 geschildert, eintreten zu lassen.

16. Vom Reingewinn ist nach Dotirung der Reserve zunächst auf die Geschäftsguthaben ein dem landesüblichen Zinsfuß entsprechender in der Höchstsumme statutarisch begrenzter Betrag (4 oder 5%) als Kapitals-Dividende und der Rest nach dem Verhältniß der entnommenen Waaren als Verkaufs-Dividende zu vertheilen.

17. Dringend ist zu empfehlen, im Statut Vorkehrung dahin zu treffen, daß die bewilligten Zinsen und Dividenden erst dann zur Auszahlung gelangen können, wenn Geschäftsguthaben und unkündbares Capital erfüllt sind, bis zu diesem Zeitpunkt aber stets zur Gutschrift gebracht werden.

18. Die Aufnahme der Waarenbestände am Jahresschluß ist nach den Einkaufspreisen zu bewirken, wobei zurückgesetzte Waaren mit entsprechend niedrigeren Preisen anzusetzen sind.

19. Alle eingehenden Rechnungen und Handelsbriefe in geordneter Reihenfolge aufzubewahren und von den abgesandten Handelsbriefen Abschriften (Copien) in gleicher Art zurückzubehalten, auch die Geschäftsbücher gut aufzubewahren, ist für einen mindestens zehnjährigen Zeitraum gesetzliche Nothwendigkeit.

20. Um das Auffinden gesuchter Stellen zu erleichtern, ist es erforderlich, sämmtliche Geschäftsbücher mit Register zu versehen.

21. Die feuersichere Aufbewahrung der Geschäftsbücher, der Casse und Werthdocumente — Casse und Werthdocumente möglichst unter Doppelverschluß — ist dringend zu empfehlen.

22. Da jeder Genosse gesetzlich berechtigt ist, eine Abschrift des Geschäftsberichts zu fordern, die Vertheilung solcher Geschäftsberichte aber ohnehin nur im Interesse der Genossenschaft liegt, ist es empfehlenswerth, die Vervielfältigung des Geschäftsberichts und Vertheilung desselben vorzunehmen, dabei neben den Abschlußziffern auf die Beigabe textlicher Erläuterungen stets Werth zu legen.

Druck von A. W. Hayn's Erben in Potsdam.

Kolibri 360 GmbH
Ferdinand-Jühlke-Straße 7
99095 Erfurt, Deutschland
produktsicherheit@kolibri360.de